David Jaffin

Jesu Leidensweg

mit seinem Volk Israel

VLM

Verlag der
Liebenzeller Mission
Lahr

Dank an Frau Heide Pfeiffer
für die Erstellung des Manuskripts
und an meine Frau Rosemarie
für die Bearbeitung

Die Deutsche Bibliothek – CIP-Einheitsaufnahme

Jaffin, David:
Jeus Leidensweg mit seinem Volk Israel / David Jaffin. – Lahr :
Verl. der Liebenzeller Mission, 2000
(Edition C : C ; 557)
ISBN 3-88002-714-5

Edition C – Paperback 58 257 (C 557)
Alle Rechte vorbehalten, auch der auszugsweisen Wiedergabe und Fotokopie
© 2000 by Edition VLM im Verlag der St.-Johannis-Druckerei, Lahr
Umschlagbild: Rembrandt Harmensz van Rijn
Jeremia trauert um Jerusalem
Mauritshuis, Den Haag
Gesamtherstellung: St.-Johannis-Druckerei, Lahr/Schwarzwald
14051/2000

Inhalt

Einführung in die Klagelieder Jeremias 5

Einführung in das Buch Ester – Teil I 42

Einführung in das Buch Ester – Teil II 61

Psalm 126
Der Herr erlöst seine Gefangenen 80

Einführung in die Klagelieder Jeremias

Er war erst 25 Jahre alt, ein sehr junger Mann. Und der Herr berief ihn zu seinem Propheten, der aus Gottes Wort die Wahrheit empfangen sollte, eine Wahrheit, die tötet und lebendig macht. Und Jeremia, in bester prophetischer Tradition, sagte zunächst: »Nein danke!« Das ist prophetische Tradition: Ich will das nicht. Für Christen ist das sehr schockierend. Mose sagte: »Ich bin ein Stotterer, ich bin zu alt« – und er gilt als der wichtigste Prophet. Jeremia sagte: »Ich bin zu jung.« Jeder hat eine passende Ausrede. Warum? Wer im Dienst des Herrn ist, steht im Dienst des Herrn – und nicht mehr im Dienst für sich selbst. Er ist – menschlich gesehen – in einer schwierigen Lage, denn als Prophet muss er Gottes Wort dem Volk vermitteln, zu dem auch er gehört und das er lieb hat. (Einem anderen Volk, das er nicht lieb hat, könnte er kein Botschafter sein.) Er muss Vermittler sein zwischen dem Gott des Gerichts und der Gnade und einem Volk, das die Botschaft nicht hören will. Das führt persönlich zu ungeheuren Spannungen für diesen Propheten Gottes. Noch einmal: Jeremia sagt in bester biblischer Tradition: »Ich bin zu jung, ich bin nicht der geeignete Mann dafür.« Der Herr aber sagt: »Du bist es!«

Und was war der Inhalt seiner Botschaft? Kein erfreulicher: Ein Feind wird aus dem Norden kommen. Der Feind wird nicht genannt; er hat damals überhaupt keine Rolle gespielt in der Weltgeschichte. Nur: Er kommt aus dem Norden, und er wird Israel zerschmettern. Eine wahre Hiobsbotschaft, die er zu bringen hat! Wenn ich die Botschaft bringen würde: »Ein Feind kommt aus dem Osten oder aus dem Norden und wird das deutsche Volk zerschmettern!«, Sie wären wohl nicht gerade beglückt darüber. Doch das hat Jeremia bekannt zu machen, und er bringt diese Botschaft, Tag um Tag, Jahr um Jahr, den Älteren, dem mittleren Jahrgang, sogar den Kindern, allen: Ein Feind kommt aus dem Norden und wird euch zerschmettern, weil ihr nicht dem Wort des Herrn gehorcht, weil ihr nicht Buße tut und umkehrt zu dem lebendigen Gott, weil ihr auf Götzen setzt, auf Fremdmächte, anstatt auf Gott. Er hat sogar gesagt, dass der Tempel, der heilige Tempel zerstört werden wird, Stein um Stein.

Und was war die Reaktion? Hass gegen ihn. Was ist die Reaktion heute, wenn Gottes Wort klar, schärfer als ein Schwert gepredigt wird? Aufstand gegen den Prediger, denn man will das nicht hören. »Wir sind in Ordnung, wir leben gut und gerecht, wir geben 100 Mark für »Brot für die Welt«, wir haben eine saubere Weste.« Und solcher Hass führt zu Verfolgung.

Jeremia wurde mit einem Korb gerettet, wie Paulus. Jeremia konnte sich theologisch wegen seiner Aussage über den Tempel nur retten, weil er bewiesen hat, dass Micha bereits ein Jahrhundert vor ihm dasselbe gesagt hat – und Micha war ein anerkannter Prophet. Dieser Zwiespalt in Jeremia ging so weit, dass er gesagt hat: Ich höre auf; ich liebe den Gott Israels, ich liebe mein Volk, aber die Lage, in der ich bin, ist für mich unerträglich, denn das Volk liebt seinen Gott nicht mehr, und ich kann nichts mehr ausrichten. Er kündigt sein Amt. Aber Gott ist ein sehr harter Auftraggeber, er hat die Kündigung nicht angenommen. »*Ehe* du im Mutterleib warst, habe ich dich, Jeremia, zu meinem Propheten berufen.«

Und was ist passiert? Eine neue Weltmacht ersteht aus den Chaldäern, aus Babylon. Sie zerschlagen die Assyrer und die anderen Mächte, und sie befinden sich auf dem Siegeszug in Richtung Israel, sie brechen durch. Israel versucht alles mit allen möglichen Allianzen – wie Perez und Rabin es in unserer Zeit mit allen möglichen Allianzen versuchten. Die klassische war die mit Ägypten. Es waren Allianzen, um sich selbst zu schützen, nicht auf Gott allein zu vertrauen, auf sein Wort. Aber wie viele haben je den Juden, meinem Volk, in Not geholfen? Sogar unsere Freunde Churchill und Roosevelt haben Bilder gehabt von Auschwitz, 1942, und sie haben nichts getan. Nur einer kann uns helfen, und das ist der lebendige Gott.

Und dann stehen die Feinde direkt vor Jerusalem. Es ist jetzt klar, dass Jeremia ein wahrer Prophet ist. Das war eine sehr schwere Erkenntnis für die Juden, denn seine Botschaft war vernichtend. Sogar ein Friedensprophet meldete sich zu Wort – wie wir solche genügend in unseren Kirchen haben. Der Friedens- und Heilsprophet traf Jeremia auf der Hauptstraße in Jerusalem, als Jeremia ein Ochsenjoch auf seinen Schultern trug, um zu zeigen: Wir gehen ins Exil, wir werden unterdrückt sein. Und Hananja, der Friedens- und Heilsprophet, widerspricht, wie er meint, mit Vollmacht:»Wir sind Kinder Abrahams, das kann uns nicht geschehen von unserem Gott!« Doch was tut Gott? Nichts. Gott tut selten was wir gerade und konkret von ihm verlangen. Gottes Heil ist oft nur im Rückblick zu sehen. Das zieht sich durch die ganze Bibel so, bei Abraham, bei Jakob... Der Ruf:»Jetzt tue mir ein Wunder! Jetzt tue mir dies oder das«, ist der Ruf des hilflosen gefallenen Menschen. Gott tut hier zunächst nichts. Er lässt Jeremia zerschlagen nach Hause gehen.»Zu meiner Zeit wird etwas geschehen, nicht zu deiner Zeit. Mein Wille geschehe.« – Eine gesamtbiblische Botschaft.

Drei Tage danach kommt das Wort Gottes erneut zu Jeremia – nachdem Jeremia total gedemütigt ist vor dem ganzen Volk, ohne Antwort – und lässt ihn hören:»Steh auf und triff Hananja an derselben Stelle in der Stadt und sage ihm: So wahr der Gott Israels lebt, du wirst sterben innerhalb eines Jahres, als Zeichen für dieses Volk.« Und Hananja brach tot zusammen, bevor das Jahr zu Ende war.

Was passiert dann? Die Feinde belagern Jerusalem. Und was tut der Herr, der Gott Israels? Bedenken Sie, ER ist ein Gott, über den wir nie herrschen können, nicht über ihn und seinen Geist und seinen Heilsplan – er steht souverän, allmächtig über allem. Er sagt das Sonderbarste zu Jeremia, menschlich gesehen das Lächerlichste, was man überhaupt sagen kann: Jeremia, steh auf und geh in deine Heimat Anatot (nicht weit weg von Jerusalem). Ich will, dass du jetzt ein Stück Land kaufst. Das muss besiegelt werden und für alle sichtbar sein, dass dieses Land dir gehört. – Lächerlich! Würden Sie, wenn Sie vertrieben wären aus Schlesien oder dem Sudetenland, wenn die Russen hereinrücken, sagen: Jetzt werde ich den Kaufbrief versiegeln, damit dieses Grundstück mir gehört? Gerade wenn Sie wissen, dass es Ihnen geraubt wird? Es ist das Lächerlichste, so zu handeln. Aber so sagt der Herr, und Jeremia ist sein Prophet. Es ist völlig entgegengesetzt zu dem, was wir denken und wollen. Verlangen wir niemals, das zu verstehen! Wir haben Gott nicht im Griff, er hat uns im Griff! Jeremia tut genau das, er macht sich vollkommen lächerlich. Die »Narren Gottes« – wie Dostojewski uns genannt hat.

Warum tut er das? Als Zeichen: Wir kehren zurück. Nach der Strafe, nach einem schrecklichen Gericht, das wegen Ungehorsam über uns kommt, kehren wir zurück. Der Herr richtet, aber er ist auch gnädig und richtet auf.

Und was passiert dann? Jerusalem wird belagert und zerstört. Die Frauen werden vergewaltigt, die jüdischen Männer umgebracht oder in die Sklaverei geschickt. Der Tempel wird Stein um Stein zerstört.

Liebe Brüder und Schwestern, als ich in Norddeutschland war zu einem Vortrag, da hatte ich im Speisesaal ein Bild von Rembrandt vor Augen: Jeremia klagt über Jerusalem. Das war gerade, bevor ich das erste Mal über dieses Thema sprechen wollte, es war Neuland für mich. – Ich halte das nicht für einen Zufall. Ich freue mich über Neuland – wie Israel »Altland-Neuland« war (Sie kennen das vom Zionismus). – Dann fing ich an, mir Gedanken zu machen: Warum soll ich bei einer Israelkonferenz reden, nachdem Israel wiederhergestellt ist nach schrecklichem Leiden, über die Klagelieder über Jerusalem? Was kann das für uns heute bedeuten? Meine Gedanken gingen viele Wege.

Der erste ist der logische: Es könnte sein, dass Jerusalem nochmals als Hauptstadt aufgegeben wird, dass es geteilt wird mit den Feinden, den Palästinensern, so dass jeder schriftgemäße Jude wie Christ Grund hätte, nochmals zu klagen. Das ist *eine* Möglichkeit, aber ich denke, nicht die wichtigste. Ich glaube, es geht viel tiefer.

Da ist dieser Friedenswahn, »Land für Terror« nenne ich das: Wir geben Land weg und bekommen dafür noch mehr Terror. Wie einer der so genannten gemäßigten Palästinenser gesagt hat: Wenn die uns nicht alles geben, was wir haben wollen, dann wird die Intifada nochmals aktiv. Und das bedeutet, auch die Altstadt Jerusalems als Hauptstadt; und das bedeutet auch, dass die so genannten Vertriebenen, die weggingen aus Israel mitten in einem

Krieg, alle zurückkommen usw. Dieser so genannte Friedensvertrag ist gegen Gottes Wort und gegen Gottes Willen. Genau so wie die Könige Israels mit Freunden Verträge gemacht haben und total enttäuscht und im Stich gelassen wurden. Alles geht gegen die Tatsache, dass das Land Israel nicht Israel gehört, sondern Gott. Und Gott hat es *diesem* Volk gegeben in alle Ewigkeit als Leihgabe. Er ist der Herr, sie sind sozusagen die Pächter, wie das nach altem Verständnis ist. Und zwar geht es um Groß-Israel. Es gibt verschiedene Grenzen, das ist nicht so wichtig, auf jeden Fall sind Judäa und Samaria Herzland, biblisches Herzland; Ostjerusalem, das Zentrum, das Heiligste des Heiligen; Hebron, die zweitheiligste Stadt in Israel; Bethel usw. Und damit spalten sie das Volk in zwei Hälften, in diejenigen, die an so einen Scheinfrieden glauben, und jene, die entweder aus religiösen Gründen oder aus Sicherheitsgründen oder wahrscheinlich aus beiden Gründen dagegen sind. Das wäre ein Grund, jetzt zu einer Feier Jerusalems die Klagelieder zu wählen.

Ich sehe zwei tiefere Gründe.

Wie ist es mit dem christlichen Abendland? Was ist unser Tempel? Jesus Christus – unser Tempel. Jesus weinte über den Tempel und hat gesagt (auch ein Grund, weshalb er gekreuzigt wurde): Er wird zerstört (das wissen wir u. a. von Jeremia), aber ich baue ihn in drei Tagen wieder auf. Das bedeutet, vom Kreuz zur Auferstehung, der neue Tempel Gottes. Und was haben wir hier in Deutschland – und nicht nur in Deutschland getan? Volljuden – vergast (Jesus war auch Volljude!); wir bringen diesen Tempel um, wir zerstören ihn Stein um Stein. Paulus, der große Missionar, Volljude – er wäre hier vergast worden. Maria, die Frau, die Jesu Mutter wurde, über die Luther wunderschön schreibt in seinem Magnifikat, über ihre Liebe und über ihre Demut – wäre vergast worden, weil sie Volljüdin war. Petrus, der erste und wichtigste Jünger – nicht der Papst –, ein Jude – er wäre vergast worden. Johannes, der Lieblingsjünger, Jude – er wäre vergast worden. Das bedeutet, wir haben unseren Tempel, die Grundlage unseres Glaubens, die Wurzeln und was dazu gehört, Stein um Stein zerstört. Und für solches Tun können wir Gericht erwarten. Warum ist es so, dass wir keine richtige Erweckung erleben? Gibt es da einen Zusammenhang? Erweckung ist nicht happy sein, Erweckung bedeutet Buße tun. (Als ich zum Glauben kam, wurde ich in tiefe Leiden hineingezogen wegen meiner Eltern, die innerlich kämpften, um nichts mehr mit mir zu tun zu haben. Eine ungeheuer schwere Leidenszeit war das für mich.) Warum erleben wir keine richtige Erweckung, die ihren tiefen Grund im Wort Gottes hat und Buße bei vielen bewirkt? Nicht Buße als Gesetzlichkeit – ich habe von einer Erweckung gehört, wo viele Buße taten, und dann sagte der Prediger: Man muss täglich Buße tun; das wird zum Gesetz gemacht. Und wenn Buße zum Gesetz gemacht wird, hört sie auf, rechte Buße zu sein. Gott verfügt, nicht wir.

Was kommt auf uns zu? Steht es nicht deutlich geschrieben, dass es am Ende der Tage ein schreckliches Weltgericht geben wird? Die Völker werden gegen Jerusalem ziehen und sogar bis nach Jerusalem hinein. Und dann wird es ein schreckliches Gericht geben.

Gehen wir nicht unserem Jerusalem, welches wir selbst zerstört haben, entgegen? Auch Israel hat das getan, durch Ungehorsam.

Warum gibt es keine Erweckung? Weil keine echte Buße getan wurde nach dem Krieg. Dekan Tlach hat gesagt: Das Schlimmste war, dass 15, 20 Jahre lang nicht darüber gesprochen wurde, was im Dritten Reich passiert ist. – Später wurde zu viel gesprochen, das ist auch nicht gut. – Es wurde nicht gesprochen, sondern vertuscht, damit die Kinder noch Respekt vor ihren Eltern behalten sollten. Keine Buße wurde getan. In meinem Leben – ich predige landauf und landab in allen möglichen Kirchen – begegneten mir nur drei oder vier Menschen, die mir gegenüber Buße getan haben in Bezug auf die Greueltaten im Dritten Reich. Und wie viele haben gesagt, wie lieb sie die Juden haben und wie sie Juden geholfen haben! Ich habe große Zweifel daran. Wenn alle die Juden so geliebt haben im Dritten Reich und so viel getan haben, dann hätte viel Schreckliches nicht passieren können! Es gibt ja vielleicht einige, die die Wahrheit gesagt haben in diesem Sinne.

Das bedeutet, diese Zerstörung Jerusalems, die Israel verursacht hat durch seinen Ungehorsam, entspricht genau der Zerstörung des gekreuzigten und auferstandenen Leibes Jesu als unserem Heiligtum, die wir geschehen ließen im Dritten Reich, als wir eigentlich ihn als unwürdigen Juden vergast haben, mit allem was dazu gehört. Die Mission – durch Paulus, der Weg der Jüngerschaft – durch Petrus, Johannes und andere. Das ist ernst zu nehmen!

Aber ich gehe noch weiter in die Tiefe. Was steht im Neuen Testament über uns? Wir müssen sterben in Jesus Christus, um lebendig zu sein. Und was ist heilig für den verdorbenen, natürlichen Menschen? Sein Ich! Wenn ich verletzt bin – wehe dem Menschen, der mich verletzt hat. Nicht wahr? *Ich* bin der Maßstab aller Dinge. Was *ich* denke, was *ich* erlebe, was *ich* fühle, *meine* Pläne, *mein* Wohlstand, *meine* Ruhe. Und die Bibel sagt deutlich: Dieser Tempel der Anbetung meiner selbst muss völlig zerstört werden, damit es einen neuen Anfang geben kann in Jesus Christus. Wir müssen mit Christus sterben, um neu mit ihm zu leben.

In diesem vierfachen Sinn wollen wir diese Texte verstehen. Vier bedeutet in der Bibel allumfassend: In Bezug auf das, was tatsächlich mit Israel passiert. In Bezug auf das endzeitliche Israel und das Versagen – wieder Versagen – der Menschen, die an der Macht sind. In Bezug auf deutsche Christen und Deutsch-Christentum, das nicht nur in Deutschland vorhanden war, eine Tradition, nach der man sich (ganz anders als wir das hier sehen) entfernt hat von den Wurzeln; bis in das Verderben, dass man Christus selbst wieder gekreuzigt – oder anders gesagt vergast – hat, mit allem was ihm gehört. Und dann in der tiefsten Stufe: Wir wollen das sehen in Bezug auf uns selbst, mit diesem Bild Luthers. Luther war ein unwahrscheinliches Genie der Sprache; von ihm stammt die beste Übersetzung der ganzen Bibel, die wir weit und breit haben, mit der vielschichtigen, tragenden Kraft des Wortes Gottes.

Luther hat einerseits den großen reformatorischen Durchbruch vollbracht und andererseits eine große Sünde begangen in seinem späten Antisemitismus. Große Menschen, von großem Format tun große Sünden; das zieht sich durch die ganze Bibel. So Mose – ein Totschläger, David – ein Ehebrecher und Mörder, Maria-Magdalena – besessen von sieben bösen Geistern, die Schöpfungskräfte missbraucht, das ist Hurerei. Schauen Sie Saulus an, der auf dem Weg war, Massenmörder zu werden, nachdem er verantwortlich war für den Tod des Stefanus. Wir müssen den Weg in die Tiefe unserer eigenen Verlorenheit gehen, wie Luther sagte: »Verloren in mir selbst, gerettet in Jesus Christus.« Oder wie in der Bibel immer wieder zu lesen ist, wie von Jakob: Jakob bekam den Segen durch Betrug, er ist zum Betrüger geworden – und dann musste er kämpfen mit Gott; geistig und geistlich nackt, entblößt, rang er mit Gott: »Ich lasse dich nicht, du segnest mich denn.« Letztlich gerettet unter dem Zeichen des Kreuzes, unter dem Segen Gottes. Um das geht es, liebe Brüder und Schwestern.

Gottes Wort ist da, nicht damit es zuerst die Schwiegermutter hört, auch nicht die Leute, die oben wohnen, auch nicht die anderen Gottlosen, sondern wir sind alle gottlos. Wir brauchen immer wieder Glaubensstärkung und -erneuerung durch das Wort, durch Christus. Wiedergeburt ist nicht nur ein Tag, sondern der Anfang eines neuen Lebens, das wie ein Säugling Pflege zum Wachsen braucht. Zu sagen, »Ich bin wiedergeboren, und kann nun nach meinem Willen weiterleben, nichts kann mir geschehen«, ist total antibiblisch. »Wer harret bis ans Ende...«, sagt die Bibel. Wir müssen immer wieder neu getroffen und getötet werden durch das Wort. Die Menschen haben in Deutschland die drei schlimmsten Götzen der Bibel einen nach dem anderen angebetet, wenn auch nicht in der biblischen Reihenfolge: Kaiserkult, »Heil Hitler« -Tanz um das Goldene Kalb oder den goldenen VW – Baal, und das ist unsere jetzige Zeit, Verdorbenheit. In diesem Sinne wollen wir Kapitel 1 und dann die große Hoffnungsaussage in Kapitel 3 behandeln.

Jerusalem klagt und fleht um Hilfe

Klagelieder Jeremias, Kapitel 1

Wie liegt die Stadt so verlassen, die voll Volks war!
   Die Stadt lebt von Menschen. Eine leere Stadt ist wie ein Mensch ohne Sinn. Ich bin auch Lyriker und habe in sehr vielen Gebeten und Gedichten geschrieben über Häuser, die verlassen sind und wie Trauernde wirken, weil sie keinen Zweck mehr ha-

ben. Die haben auch eine Art Persönlichkeit. Ein Haus ist voller Leben, wenn Menschen darin sind, denn wir geben ihm Leben. Und ein Haus verfällt, wenn die Menschen weggegangen sind.

Haben Sie diese verlassene Stadt gesehen auf den Golanhöhen? Eine leere Stadt, wissen Sie was das ist? »The Deserted Village« von Goldsmith, ein zentrales Gedicht in der englischen Sprache, handelt von einem Dorf, in dem niemand mehr lebt. Denken Sie, wie das war in den jüdischen Städten in Osteuropa, wo alle Juden umgebracht wurden und das ganze Dorf dann leer war. Oder die Orte der deutschen Vertriebenen, die dann für eine Zeit völlig leer standen. Oder, die zerbombten, menschenleeren Städte gegen Ende des Zweiten Weltkriegs. Oder wie ich es in Pfungstadt erlebte, wo ich zu einem Dienst war: Die jüdischen Häuser waren unbewohnt wie im Dritten Reich, trostlos, leer.

Und in unserem Text geht es um die heilige Stadt, das Zentrum der Welt. Warum ist Leben da so wichtig? Weil das Zentrum des Lebens dort geschieht. Nach dem Talmud ist die Welt erschaffen aus Jerusalem, dem Mittelpunkt der Welt. Und jeder Christ weiß: Jerusalem ist der Ort von Kreuz, Auferstehung und Ausgießung des Heiligen Geistes.

Sie ist wie eine Witwe, die Fürstin unter den Völkern, und die eine Königin in den Ländern war, muss nun dienen.
Wie kann Jeremia sagen »die Fürstin unter den Völkern«? Israel ist ein kleines, winziges Volk, damals wie heute. Aber es ist Gottes Volk, und Jeremia hat das niemals vergessen.

Vergessen wir das? Ich meine nicht nur in Bezug auf Israel, das haben viele längst vergessen – wenige Leute wissen, dass Israel Gottes Volk ist. Aber vergessen wir, dass wir Christen die Fürsten unter den Völkern sind? Wir sind das neue Volk Gottes, der Neue Bund. Lassen wir uns nicht ständig hineinreden und sogar »wegführen«? Wie viele Christen haben Hitler gedient und geglaubt, er sei der große Messias des deutschen Volkes?! Sehr viele! Seien wir nicht auf falsche Weise zufrieden, zu sein wie wir sind als die Fürsten der Völker, weil wir Jesus Christus gehören, weil wir Geborgenheit und Führung und Zukunft haben!

Jeremia redet eine sehr kühne Sprache. Denken Sie, das ist ein Volk, das geschlagen wurde von einem anderen Volk. Wenn ein Volk von einem anderen Volk geschlagen wurde, hat das damals, in der alten Welt, bedeutet: Die Götzen des anderen Volkes haben gesiegt. Einmalig in Israel ist, dass der Gott Israels sein eigenes Volk besiegt. *Er* hat die Chaldäer gerufen, nicht jemand anderes, nicht der Gott der Chaldäer, sondern der lebendige Gott selbst. Das ist auch ein Erweis seiner Göttlichkeit. Ist das das liebe, süße Kindlein in der Krippe, zu dem wir Jesus gemacht haben? Nein, das ist der allmächtige, der eifernde, der brennende Gott; brennend auch in seiner Liebe, in seinem Gericht, uns zurückzugewinnen. Und wie viele schämen sich ihres Glaubens letzten Endes und wollen, ein bisschen anders, mehr wie die Welt, leben können.

Lernen wir von Jeremia: Wir sind die Fürsten, Volk Gottes, wir beide, Juden wie Christen. Wir sollen uns des Evangeliums nicht schämen, sondern es deutlich weitersagen. Denn die Menschen, die da draußen sind, sind tot in ihren Sünden, sie leben im Schattenbereich – so steht es in der Bibel (Psalm 39). Im Schattenbereich – das bedeutet: Die Menschen sind geistlich tot, wenn sie nicht an Christus glauben.

Die erste Auferstehung ist der Weg zu neuem Leben in Christus, der alte Mensch muss sterben. Die zweite Auferstehung ist die leibliche Auferstehung zu Gottes Himmelreich mit einem neuen Leib.

...die Fürstin unter den Völkern, und die eine Königin in den Ländern war, muss nun dienen.
Überlegen Sie, was das mit Christus zu tun hat. Sind wir nicht hier, um zu dienen? Auch Israel war da zum Dienen, als Beispiel in seiner Gerechtigkeit für die Völker. Jesus kam, um zu dienen. Die Jünger Jakobus und Johannes wollten zur Linken und zur Rechten von Jesus im Himmel sitzen. Jesus antwortet auf verschiedene Art, aber er sagt: Der Menschensohn ist gekommen zu dienen, nicht, verherrlicht zu werden. Wir sind zum Fürstenvolk geworden, Juden wie Christen, weil Gott uns in Jesus gedient hat und indem wir der Welt dienen. »Durch dich werden gesegnet alle Völker auf Erden, Israel«, durch Jesus. Aber angelockt durch die Gerechtigkeit Gottes im Alten Bund und angelockt durch die Gerechtigkeit Gottes im Neuen Bund durch Christi Blut.

Wie viele von uns sind wirklich Missionare? Das bedeutet,

dass wir aus Vergebung leben und nicht aus Hochmut, nicht als ob wir die Fürsten seien im Sinne des Herrschens, sondern als Diener, in Demut, in Liebe.

Ich bin erschreckt über den Streit unter den Christen landauf und landab. Viele streiten, um ihren eigenen Willen durchzusetzen, um ihre eigenen Gaben zu verwirklichen! Das ist völlig unchristlich. Jesus ist das Haupt, und wir sind die Glieder. Und wenn wir wirklich Christen sind, dann müssen wir ein Beispiel geben, dass die Welt zum Guten gereizt wird durch unser Benehmen.

Ein negatives Beispiel sind die Kriege, die im Namen Jesu gegeneinander geführt wurden. Wer hat Rache gelebt, »Auge um Auge, Zahn um Zahn«? Nicht die Juden, sondern die Christen! Deutsche gegen Franzosen, Franzosen gegen Deutsche – und das geht bis in die Gemeinden hinein. Ich kenne fast keine Gemeinde, wo ich nicht vom Prediger oder Pfarrer auf die Frage »Wie geht's?« die Antwort bekomme: »Es geht gut, aber...« – Dieses Wort *aber* ist eins der am meisten gebrauchten Wörter in der deutschen Sprache, das wissen Sie. – Und wo haben sie Probleme? Mit den Brüdern! Einer hat mir sogar gesagt, ein ganz bibeltreuer Pfarrer in Norddeutschland, er habe nie Probleme mit den liberalen Theologen (mit der Theologie schon), sondern nur mit den frommen Brüdern. Sehr aufschlussreich!

Oder wie ging es Samuel Keller, diesem bekannten Evangelisten, der seine Gemeinde aufgegeben hat, um in ganz Deutschland zu predigen? Gerade die Leute, die ihn berufen haben, überallhin zu gehen, haben ihn dann nicht angenommen.

Es, Jerusalem, muss dienen. Letzten Endes aber ist die Strafe über Israel Gnade. Gott straft das Volk, um seine Gnade zu zeigen. Und wie das war im 19. Jahrhundert oder gar in kaiserlicher Zeit: Die Kirchen waren voll, der Hofprediger hat rhetorisch gut gepredigt, die Frau hat ihren schönen Hut und das Kleid gezeigt, man hat miteinander gesprochen – doch vieles war Schein! Wie viel echtes Christentum da war, kann niemand sagen. Nur Gott kann in unsere Herzen sehen. Aber wenn man die große Literatur jener Zeit liest, gewinnt man mehr und mehr den Eindruck, dass vieles

Schein war. Jetzt ist es zerstört, dieses Gebäude, dieses falsche Jerusalem. Jetzt haben wir die Wenigen, »den Rest«, wie es sich durch die ganze Bibel zieht. Das ist nicht nur Verlust, liebe Brüder und Schwestern, das ist Gewinn. Denn die meisten Leute, die heute in den Gottesdienst, in eine Gemeinde gehen, tun das nicht, um gesehen zu werden. Es verlangt jetzt Mut, Christ zu sein. Diese Zerstörung des Äußeren ist ein Reinigungsprozess. Gott zerstört, um uns zu reinigen.

Ist das nicht auch persönlich so? »Wir leben mit der Welt in Lust und Freuden« – und dann kommt der Krebs, dann stirbt die Frau, dann passiert irgendetwas Belastendes. Und plötzlich ist das ganze Gebäude, unser Jerusalem, unser »heiliger« Lebensort, (wie wir leben) aus dem Gleichgewicht gekommen. Dann stehen wir da, hilflos und vielleicht allein – und dann kann der Weg für das Evangelium geöffnet sein ... Diese Zerstörung, dieses Gericht ist oftmals der Weg zum Evangelium. Gericht und Evangelium sind nicht zu trennen. Und wenn wir predigen: »Gott ist nur der liebe, süße Jesus, und man kann im übrigen alles machen, was man will, es wird uns doch vergeben werden«, dann bauen wir ein brüchiges Haus, das endgültig zerstört wird, weil das Götzendienst ist. Das ist nicht die frohe Botschaft Gottes zu unserem Heil.

Wissen Sie, die Schriftgelehrten und Pharisäer – und das ist in der Christenheit wenig bekannt – waren kluge Menschen. Sie waren verwirrt, verleitet (in die Irre geleitet). Sie haben Jesus nicht anerkannt, aber sie haben in einer Sache absolut recht. Warum haben sie ihn abgelehnt? Ein zentraler Grund war: Sie haben gewusst: Ein Mensch, der als Gott angebetet wird, wird mit der Zeit nur allzu menschlich gesehen werden. Und so ist die liberale Theologie seit dem 18. Jahrhundert; sie predigt den lieben, süßen, guten Jesus, geschaffen nach unserem eigenen Wunschbild – nicht den biblischen Jesus, den Sohn Gottes.

Sie weint des Nachts, dass ihr die Tränen über die Backen laufen.
Denken wir an dieses Bild des Weinens und der Not. Ist das nicht auch Nach-Auschwitz-Judentum? Welch ein Glaubenszen-

trum ist in Osteuropa zerstört worden! Das Weinen über Verlorenes. Und wie antwortet Gott auf dieses schreckliche Gericht und den Verlust? Mit der Gründung des vormessianischen Staates Israel. Jeremia – Anatot – geh und kaufe ein Stück Land – wir kommen zurück. Was in Auschwitz geschehen ist, war schlimmer, als das Geschehen zu Jeremias Zeit. Das ist eine Überhöhung, eine endzeitliche Überhöhung: Weinen – Trauer – entweiht – verloren – zerschmettert, aber noch viel mehr zerschmettert in der Jetztzeit als damals. Es gibt keine Gnade der späten Geburt. Die Auswirkungen des Dritten Reichs leben überall, wo es Überlebende gibt, in Israel, in Amerika und anderswo.

Sie weint des Nachts, daß ihr die Tränen über die Backen laufen. Es ist niemand unter allen ihren Liebhabern, der sie tröstet.
   Liebhaber – ist das nicht ein zentrales Bild bei Hosea? Israel macht Hurendienst, Hurendienst mit Götzen und Hurendienst mit Verträgen, um sich zu schützen, obgleich doch sein einziger Schutz in Gott ist. Israel ist dargestellt als Frau, die Liebhaber sucht, aber sie macht Hurendienst. Sie versucht, Glauben zu vermengen. Und das geschieht in allen möglichen christlichen Kreisen heute: mit dem Islam, mit Buddhismus usw.

Synkretismus, Vermengung der Religionen, das ist das Elia-Geschehen, nicht wahr? Baal *und* der Gott Israels. Doch: Entweder – oder, sagt Gott, »es gibt keinen Gott neben mir«.

Die Liebhaber! Aber haben wir nicht auch unsere Liebhaber? Unser schönes Haus und den Garten, unser praktisches und bequemes Auto, unser gutes Essen, unser harmonisches und gemütliches Familienleben (wenn wir das haben, und das sind wenige). Wir haben auch viele Liebhaber, Götzen, die uns möglicherweise von Jesus Christus wegbringen. Warum? Weil wir verlorene Menschen sind.
   Ich stelle Ihnen eine Frage deren Antwort Ihnen zeigen wird, wie tief Sie im Evangelium verankert sind:»Wer ist Ihr schlimmster Feind?« Sagen Sie nicht:»Satan«, das ist die falsche Antwort. Richtig wäre:»Ich selbst.« Wer weiß: Ich selbst bin mein

schlimmster Feind, und Jesus ist mein bester Freund, der ist auf dem richtigen Weg. Engel sind wir leider alle nicht.

Ein guter Pfarrer hat mir aus dem Herzen gesprochen, als er sagte: »Eines lese ich nicht: Diese schönen Bücher über christliche Helden, die immer das Richtige tun.« Solche Bücher brauchen wir nicht, weil wir nicht so sind! Lesen Sie lieber das Gebet von Bonhoeffer »Wer bin ich?« – einem unserer größten Helden im Dritten Reich. Er redet davon, wie feige er war, welch ein Versager, weil er ehrlich war. Und Luther, sehen Sie Luthers Versagen gegen mein Volk am Ende seines Lebens. Das war haarsträubend. Wir sind keine Glaubenshelden. Es gibt nur einen Glaubenshelden, und das ganze Gewicht liegt auf ihm: Jesus! Die Jünger liefen davon unterm Kreuz! Eine Theologie der Jüngerschaft gibt es für Christen nicht: »Was habe ich davon?«, sondern eine theologia crucis: »Er, er allein, er verfügt über mich.« *Wir* alle sind Versager.

Es ist niemand unter allen ihren Liebhabern, der sie tröstet. Alle ihre Freunde sind ihr untreu und ihre Feinde geworden.
Wie ist das beim verlorenen Sohn? Er wird gerne angenommen, solange er Geld hat. Und sobald er nichts mehr hat, wird er auch nichts mehr sein. Vorsicht vor den Menschen, die so lieb zu Ihnen sind! Manchmal ist es so, dass sie Sie benutzen wollen. Ein reicher Mann hat mir gesagt: »Alle Leute benutzen mich, damit sie auf der Erfolgsleiter höher kommen.« Ich habe zu ihm gesagt: »Du hast das Gleiche getan, das ist deine Strafe.« Wahrheit und Liebe sind nicht zu trennen. Nicht Wahrheit, die verletzt, sondern Wahrheit, die der Liebe näher bringt, die Christus allein ist, und über den können wir nicht verfügen.

Juda ist gefangen in Elend und schwerem Dienst, es wohnt unter den Heiden und findet keine Ruhe; alle seine Verfolger kommen heran und bedrängen es.
Wer stammt von Juda ab? Wer ist der größte Sohn der Judäer? Jesus Christus. Und Sie kennen die Geschichte Judas: Juda ist der Sohn Jakobs, der Josef, seinen Bruder, für Geld verkaufte. Er tötete ihn nicht, aber er verkaufte ihn. Und es ist der gleiche Juda, der das gutmacht, indem er für Benjamin bürgt. Und aus dem Stamm Juda kommt Jesus Christus. Was wird damit gesagt? Sei-

ne Schuld wurde durch Gottes Handeln gutgemacht. Jesus hat unser aller Schuld gutgemacht durch sein Erlösungswerk am Kreuz; Er, der von Juda abstammt, nicht von irgendeinem anderen. Nicht von einem besonderen Helden, sondern von Juda, der versagt hat und den Gott dennoch in seine Heilsgeschichte einspannt. Die Versagenden sind wir, und der, der das wiederherstellt und gutmacht ist Christus allein.

Juda ist gefangen in Elend und schwerem Dienst, ...
Und der größte Sohn aus Juda auch. Er wurde auch gefangen genommen, war in Elend und in dem schwersten Dienst, dem Leidensdienst, dem Passionsdienst, dem Kreuzesdienst.

... es wohnt unter den Heiden ...
Und der Weg dieses »schwersten Dienstes« wird der Weg zu den Heiden: Kreuz – Grab – Auferstehung und dem Missionsbefehl.

... und findet keine Ruhe; ...
Ein Christ soll keine Ruhe finden in seinem Christsein. So Augustin in einem der großartigsten Gebete der Christenheit: »Unruhig ist unser Herz, o Gott, bis es Ruhe findet in dir.« Und dann, was passiert dann? Er wird nochmals in Unruhe versetzt. Das ist die Geschichte unseres christlichen Lebens. Unruhe, dass wir mehr tun im Sinne Jesu, in seiner Kraft, nicht als Werkgerechtigkeit oder Geistgerechtigkeit, sondern um Christus zu dienen – und dann immer wieder zur Ruhe zu kommen, denn alle Gottesmänner und -frauen empfangen neue Kraft in der Ruhe der Stillen Zeit, in der Ruhe des Gebets. Wie Luther wegging, um Ruhe zu suchen; und viel wichtiger, wie auch Jesus wegging, um Ruhe zu finden im Alleinsein mit seinem himmlischen Vater – Ruhe und Ruhelosigkeit.

... findet keine Ruhe; alle seine Verfolger kommen heran und bedrängen es.
Wie bei Christus. Und jetzt wie bei uns und bei Israel. Nicht der Weg der Verherrlichung, sondern der Weg der Erniedrigung. Nicht der Weg des Fürsten, sondern der Weg des Dienstes ist ihm bestimmt. Das ist Jesu Weg, und das ist Israels Weg, und das ist un-

ser Weg. Wenn das nicht unser Weg ist, ist er nicht christlich. Wir dienen aber nicht, um Gerechtigkeit zu erlangen, sondern wir dienen in Demut aus der Kraft des Dienstes Jesu, und das bedeutet, sein Kreuz auf sich zu nehmen. Nicht: »Was habe ich davon?«, sondern: »Er hat alles auch für mich vollbracht, und darum will ich ihm nachfolgen.«

Die Straßen nach Zion liegen wüst, ...
Straße – was für ein Bild ist das? Wege – die Wege der Völker, die Wege des Glaubens, die Wege zum Zentrum: Alles ist abgeschnitten. Und was für einen Weg haben wir? Den Weg gerade im Schatten dessen, was hier in Vers 3 gesagt wird: gefangen in Elend – schweren Dienst – unter den Heiden (wir leben unter Heiden) – keine Ruhe – werden verfolgt, bedrängt in der Kreuzesnachfolge. »Ich bin der Weg«, sagt Jesus. Das ist unsere Straße. Es gibt keine Straße mehr in diesem Sinne. Der Tempel ist nicht mehr das Zentrum, sondern der neue Tempel. Und das ist der neue Weg.

Die Straßen nach Zion liegen wüst, weil niemand auf ein Fest kommt.
Keine Freude! Vorsicht vor happy sein; Happy sein ist menschlich sein. Wahre Freude bedeutet: »In dir ist Freude in allem Leide...«, wie ein Lied in unserem Gesangbuch bezeugt. Auch wer Schweres im Leben durchmacht, kann trotzdem Freude erleben. Nicht gruppendynamische Freude, eine künstlich gemachte Freude, sondern eine Freude in christlicher Kreuzesdemut: *trotzdem* tut der Herr etwas, *trotzdem* leben wir, *trotzdem* führt er uns. (Das beschäftigt uns dann in Kapitel 3, aber zuerst muss alles wüst sein, alles in mir selbst.)

Einige Gedanken über das Gebet: Wir in unseren verschiedenen Kreisen haben gelernt, frei und von Herzen zu beten. Das ist wunderbar, aber es ist zugleich ein riesengroßer Verlust, denn wir leben fast nicht mehr mit gedruckten Gebeten. Ein freies Gebet ist vorbei, sobald es gebetet ist. Gedruckte Gebete wie die Psalmen, können neue Wege des Gebetes für uns bringen. Wir können unsere eigene Not in den Psalmen wiederfinden; und auch Gebete aus dem Widerstand gegen das Dritte Reich oder die Nachkriegsgebete von Goes, Reinhold Schneider bis hin zu denen unseres Zeitgenossen Manfred Siebald u.a. können neue Wege für unser eigenes Gebetsleben öffnen. Wir brauchen gedruckte Gebete. Wir brauchen neue Gebetswege. Freie Gebete sind oft wiederholend; deswegen sind sie nicht mehr neu. Wir müssen lernen, Gott neu zu sehen, ihm »neue Lieder singen«.

»Alles ist leer.« Das Zentrum meines Gebetslebens ist weder freies Gebet noch Schriftgebet, sondern Gebete ohne Worte. Bevor ich einen Vortrag halte, habe ich nur ein Gebet (das habe ich von Martin Luther, dem jungen Luther, gelernt). Ich stelle mich vor Jesus, den Gekreuzigten. Ich konzentriere mich immer mehr, zuerst auf den kreuztragenden und dann auf den ans Kreuz genagelten Jesus. Ich konzentriere mich nur auf sein Kreuz. Und dann stelle ich mich darunter, bis alle eigenen Gedanken und Wege weg sind und alles nur auf ihn ausgerichtet ist, auf seine Vergebung, auf seine Kraft. Das gibt mir ungeheuerliche Kraft zum Dienst. Alles ist weg, alles ist leer, alles ist wüst – meine Gedanken, meine Wege, denn es gibt nur einen Weg, und das ist der Weg zum Kreuz, unter dem Kreuz. Bach hat das tief verstanden: Diese ungeheure Dramatik am Anfang der Matthäus-Passion, bis Jesus dann zum Kreuz kommt. Oder Heinrich Schütz: Am Ende der Johannes- und der Matthäus-Passion, zwei der größten Verkündigungswerke, die wir überhaupt haben; Heinrich Schütz, der Inbegriff des evangelischen Komponisten, stellt immer das Wort in den Mittelpunkt, nicht geschmücktes Wort, sondern nur das Wort. Um auszudrücken, dass Jesus am Kreuz hing, schreibt er ein Adagio. Es herrscht Stille, eine innigliche Ruhe – er ist am Ziel! Und das soll unser Ziel sein: Weg von unseren Wegen – das ist alles wüst und leer, das bringt nichts –, nur unter dem Kreuz, unter dem Gekreuzigten, dort bekommen wir ungeheure Kraft, in der Stille zu Gott. »Sei nur stille zu Gott, meine Seele.«

Die Straßen nach Zion liegen wüst, weil niemand auf ein Fest kommt.
     Gott sagt: Ich will eure Gottesdienste nicht, eure Freudenfeste; ich will eure Herzen haben, in Demut, in Schwachheit. Das sagt

er auch zu uns, zu unseren Freudenfesten. Es gibt alle möglichen Freudenfeste unter Christen. Gott will das nicht. Gott will ein demütiges Herz, einen zerknirschten Geist, er will Kreuzesnachfolge. Das haben wir längst verlernt in allen möglichen Kreisen.

Alle Tore der Stadt stehen öde, ihre Priester seufzen, ...
Warum Tore? Und dann Priester? Im Tor, dem Eingang zur Stadt, wird Recht gesprochen. Die Gerechtigkeit Gottes ist nicht mehr da. Der Tempel ist zerstört – die Anwesenheit Gottes, und seine Gerechtigkeit – die Tore.

Alle Tore der Stadt stehen öde, ihre Priester seufzen, ihre Jungfrauen sehen jammervoll drein (auch weil sie keine Jungfrauen mehr sind, sie wurden alle vergewaltigt), *und sie ist betrübt.*
Das kennen auch viele Deutsche, was hier geschehen ist. Am Ende des Zweiten Weltkriegs ist Ähnliches hier passiert. Die Gerechtigkeit ist hin, die Priester sind verzagt, die Jungfräulichkeit ist auch hin. Das bedeutet Scheinjungfräulichkeit, was ein sehr beliebtes Bild ist für die unreine Frau. Israel ist zur Unreinheit geworden, weil es Götzen anbetet.

Der Weg zur Erneuerung, der Weg zum Frieden mit Gott geht nur über die Zerstörung unserer eigenen Wege. Die Wege nach Jerusalem sind hinfällig – die Wege zu unseren eigenen Heiligtümern, zu unserem eigenen Verunreinigtsein. Und das kann man nur sagen mit einem Wort des Propheten, der Propheten aller Zeiten: Kehret um, tut Buße, denn nur dann ist der Herr nahe.

Wir lesen einen etwas bekannteren Text aus den Klageliedern. Leider ist es ja so, dass es immer mehr eine Bibel innerhalb der Bibel gibt, das bedeutet, bestimmte Worte werden fett oder schräg gedruckt. Und es gibt eine Doktorarbeit (so ist mir gesagt worden) darüber, *welche* Worte fett oder schräg geschrieben werden. Die Antwort ist: immer mehr nur Heils-und tröstende Worte und immer weniger Worte über Jesu Allmacht und sein Gericht. Lesen Sie die ganze Bibel, nicht nur was fett und schräg gedruckt ist.

Klagelieder 3, 22-40

Das ist ein Gebet.

Jeremia prüft die Lage, in der sich Israel befindet. Natürlich kommt das Prüfen dieser Lage Israels nicht von ihm, denn er ist und bleibt Prophet des Herrn – es kommt vom Herrn. Die Frage ist: Warum verstößt Gott sein eigenes Volk? Warum lässt er das Heiligtum, wo Gott selbst wohnt, Gottes Name (sein Wesen) wohnt, warum lässt er das zerstören? Warum lässt er sein Volk in die Verbannung gehen, so dass die Feinde sagen: »Singt uns ein Lied von Jerusalem«? Und wie können wir so ein Lied singen (Psalm 137) hier in unreinem Land? So ein Gott ist ein wahrer Gott; nicht ein Götze, der tut, was die Völker haben wollen. Hier in Deutschland gab es zum Beispiel diesen Diktator (Hitler), der die Deutschen stark machte. Und was hat Gott mit diesem Götzen getan? Er kam um, und Gott hat das Volk und sein Land in Schutt und Asche gelegt. Dann begriffen die Menschen: Das war kein richtiger Herrscher, das war Gericht.

Hier wird *Israel* in Schutt und Asche gelegt, aber Gott redet zu Propheten und sagt: Ich tue das zu eurem Wohl, ihr müsst gereinigt werden.

Es ist faszinierend in Kapitel 1, wie Jeremia *über* eine unreine Frau, Israel, redet und dann plötzlich in eine ganz andere Redeart wechselt. Plötzlich beginnt die Ich-Form: *Ich* bin die unreine Frau. *Ich* bin der Vertreter, *ich* bin der Vermittler – wir stehen hier in einer Tradition, die zu Jesus Christus führt, dem Mittler Gottes. Nur – alle Vermittler Gottes haben versagt, ob das Jeremia war, der seinen Auftrag kündigen und gar nicht mehr Prophet sein wollte; ob Mose, als er Wasser aus dem Felsen schlug (Zeichen der Auferstehung), ohne Gott die Ehre zu geben; ob David, der Ehebrecher und Mörder... Alle die großen Knechte Gottes versagten. Einer versagt nicht, und ihm ist wie Jesaja uns voraussagt viel mehr auferlegt als allen anderen Knechten Gottes, Vermittlern Gottes. Ihm ist die Schuld und Sünde aller Menschen aller Zeiten auferlegt. Und er heißt Jesus Christus.

Aber jetzt betrachten wir Jeremia als Vermittler, als Propheten.

Wir sollten das nie aus den Augen verlieren: Es gibt sehr falsches Verständnis von Prophetie. Der Prophet ist nicht da für die Visionen der Zukunft, das ist nicht Prophetie.

Luther wurde von Melanchthon als der größte Prophet der modernen Zeit gesehen. Luther hatte aber keine schwärmerischen Visionen der Zukunft. Das ist nicht erlaubt, nichts darf zu Gottes Wort hinzugefügt werden. Luther hat damals – und noch heute durch seine Bibelübersetzung – Gottes Wort gepredigt, und das ist Prophetie. Mindestens siebzig Prozent der Prophetie geht um hier und jetzt, um die Gegenwart. Deswegen ist das evangelische Erbe ein prophetisches Erbe: Gottes Wort mit Klarheit und Deutlichkeit hier und jetzt zu predigen. Die biblischen Propheten, weil sie Gottes Wort über die Gegenwart haben, haben einen tiefen historischen Blick. Der Prophet hat auch die Rückschau: Warum ist es jetzt so? Die Vergangenheit hat zu unserer gegenwärtigen Lage geführt. Warum sind die Kirchen oft leer in Deutschland? Wegen der Schuld der Vergangenheit!»Was ihr Gottes Augapfel antut, den geringsten meiner Brüder (und nicht alle Menschen sind Brüder, das ist Aufklärung, sondern der geringste Bruder ist Israel), das tut ihr mir an.« Man muß einen Blick in die Vergangenheit haben, das hat Hesekiel am meisten betont, aber alle sagen das. Und wenn er Vergangenheit und Gegenwart aus Gottes Sicht erkennt, dann hat der biblische Prophet Wegweisung zur Zukunft. Es gibt keine Prophetie außerhalb der Bibel im Sinne der Zukunft. Alle Propheten unserer Zeit, die aufstehen mit ihrer Zukunftsprophetie haben keine biblische Botschaft. Biblische Prophetie in nachbiblischer Zeit ist hier und jetzt – und nur hier und jetzt. Und jene, die versuchen und z.B. sagen:»Einer in diesem Zimmer ist krank« (das ist selbstverständlich), oder»Einer steht gegen mich« (das ist auch selbstverständlich), die haben mit biblischer Prophetie nichts zu tun, das ist Geschwätz. Und wenn sie dann versuchen, die Zukunft genau vorauszusagen, werden sie Fehler machen, und man geht zu einem anderen sogenannten Propheten. Prophetie, biblische Prophetie hat die Gegenwart im Zentrum. Es geht um Gottes Volk, es geht um hier und jetzt. Nachbiblische Prophetie hat zuerst *nur* mit Gegenwart zu tun.

Die Güte des Herrn ist's, dass wir nicht gar aus sind, seine Barmherzigkeit hat noch kein Ende, ...
Denken Sie an Vertriebene.
Ich will nicht über die historischen Hintergründe reden. Was mit den Tschechen, mit den Polen geschehen ist, war so schrecklich, dass es nicht zu beschreiben ist. Und was an den tschechischen und polnischen Juden geschehen ist, war noch schlimmer. Wie gut: Unser Gott ist nicht ein Gott der Rache.

Aber denken wir an einen Vertriebenen, der alles verloren hat (bestimmt gibt es solche unter Ihnen), aber weiß: Wir sind schuldig. Das weiß Jeremia, und er sucht nicht Sündenböcke. (Nicht die Russen, die Polen oder sonst wer, sondern Hitler hat das alles verursacht.) Jeremia erkennt die Lage, wie sie ist. Das ist christlich, die Lage richtig zu kennen, erst den Balken aus dem eigenen Auge zu entfernen, bevor man den Splitter bei dem Nächsten sieht.
Wir Deutsche sind die Ursache der Vertreibung. Was haben wir unter der Macht der SS getan an diesen Völkern!
Und wir wissen, wir sind in der schrecklichen Lage, dass wir alles verlieren. Und wir wissen, wir sind selbst schuld daran. Das ist die Lage Jeremias. Er weiß, wo die Schuld liegt: Sie liegt nicht vor allem bei den Feinden, sondern bei uns selbst. Das haben Juden immer gewusst, und wir sollten es auch wissen. So wurde ich erzogen: »David, wenn du in Not kommst, wenn du Probleme hast, suche zuerst die Schuld bei dir selbst.« In meiner Gemeinde habe ich das sehr wenig erlebt, und ich hatte eine sehr gute Gemeinde. Einmal kam nach einer Predigt eine junge Dame zu mir, ganz außer Atem, und sagte:»Das war eine Predigt, Herr Pfarrer!«Ich habe gefragt:»Sind Sie vom Wort getroffen?«»Für meine Schwiegermutter, Herr Pfarrer, war das das Richtige!« – So ist es oft, leider.

Die Güte des Herrn ist's, dass wir nicht gar aus sind, ...
Ich denke an eines der großen Gebete unseres Jahrhunderts von Albrecht Goes. (Solche Gebete sollten Sie kennen lernen.) Karfreitag 1946, Frühling – er redet zu den Blumen:

»Habt ihr Recht, aus diesem Land in Unschuld herauszukommen, wenn wir Millionen Menschen umgebracht haben?«

Gibt es ein Recht, dass die Blumen nochmals wachsen hier, wo alles so blutig ist?

Die Güte des Herrn ist's, dass wir nicht gar aus sind, ...
Es gab sehr viele Gerichte über diesem Volk, mit Recht, denn Gott ist ein gerechter Gott, aber wir sind nicht gar aus. Es gibt Zukunft, es gibt Wiederaufbau, es gab Buße – und das war das Wichtigste. 1945/46/47 waren die zerbombten Kirchen voll mit bußfertigen Menschen. Und dann kamen neue Götzen: modernes Goldenes Kalb oder Goldener VW, und dann heute Baal, Lust, Sex, Rauschgift, Alkohol – alles, was mit Lust zu tun hat, nicht mit Liebe.

Aber die Güte des Herrn ist's, daß wir nicht gar aus sind...
Das gilt für Jeremias Israel; das gilt für die, die das Schrecklichste hier in Deutschland erlebt haben, auch nach dem Krieg. Das gilt sogar für Israel nach Auschwitz! Denn das Volk ist zurückgekehrt, drei Jahre später, wie der Herr sagte. Bei Gott ist dennoch Zukunft!
Denken Sie an den Propheten Elia. Er hat genug. Er kämpfte gegen 850 Baalspriester. (Wunderbar im »Elias« von Mendelssohn-Bartholdy, einem bewussten Judenchristen, dargestellt. Der »Elias« ist Verkündigung biblischer Botschaft; das Oratorium sollte jeder kennen. Kulturfeindlichkeit ist keine gute Sache, denn es gibt großartige Verkündigung von Malern, Dichtern und Musikern.)

Dieser große Elia, der unter Gottes Kraft gewinnt, flieht dann vor *einer* Frau. Die Frauen sind mächtig, das habe ich nie bezweifelt, aber fliehen vor einer Frau! Und was sagt Elia? »Ich bin nicht besser als meine Väter. Es ist genug, Herr.« (Nochmals erinnere ich an Mendelssohn-Bartholdy, seine wunderbare Arie »Es ist genug..., ich bin nicht besser als meine Väter.«) Und was passiert? Elia will sterben. Und Gott – schickt einen Engel, der ihn stärkt, und gibt ihm drei Aufträge: seinen Nachfolger zu salben, Elisa; einen neuen König in Israel zu salben und sogar einen König im Ausland, einen Heidenkönig, zu salben – eine Vordeutung auf den Weg zu den Heiden.

Solches erleben auch wir Seelsorger heute: Wir können manchmal nicht mehr. In meiner Gemeinde haben wir eine Frau, die von ihrem Mann verlassen wurde, Ehebruch; die Kinder halten zu dem Mann. Sie war völlig allein, und sie war gesundheitlich angeschlagen. Sie war mit ihren Kräften am Ende, aber es war nicht aus, denn es gab Frauen in der Gemeinde, die sich um sie kümmerten und mit ihr und für sie beteten.

Wir kennen eine Frau, die ständig unter Depressionen leidet. Man hat gedacht, es sei aus mit ihr. Im letzten Brief schreibt sie: »Ich habe große Hoffnung, es geht mir sehr viel besser.« Jesus hat Menschen geschickt, nicht nur meine Frau und mich, sondern viele Frauen in der Gemeinde, die bei ihr waren und für sie gebetet haben.

Gott will Zukunft mit uns haben, er will nicht Resignation. Er hat Zukünftiges vor mit Elia, mit Jeremia und Gottes Volk, mit den Vertriebenen und mit jedem von uns. Bei Gott ist Zukunft!

... seine Barmherzigkeit hat noch kein Ende, ...
»Noch« kein Ende, denn es kommt die Zeit, da es das Angebot der Barmherzigkeit nicht mehr geben wird, wo Menschen nach Gottes Wort suchen und es nicht mehr finden werden. Diese Zeit bahnt sich hier in Deutschland immer mehr an. Aber jetzt ist Gott noch barmherzig. Er ist offen für Buße, jedes bußfertige Herz nimmt er an. Nicht jene, die nur sagen was die Russen und die Polen und wer sonst – die anderen also – getan haben, sondern was wir getan haben. Und der lernt von Jeremia, was wir Juden getan haben gegen Gott. Wer Sündenböcke sucht, der geht ins Gericht. Wer aber weiß, dass er selbst schuldig ist, und den Balken aus seinem eigenen Auge entfernt, entfernen lässt, und Buße tut, der hat Zukunft – und nur der. Vergessen Sie das niemals. Sündenböcke hat es immer gegeben, und ich weiß, dass es fast immer wir Juden gewesen sind. So ist es in Russland bis heute.

...sondern sie ist alle Morgen neu, und deine Treue ist groß.
Merken Sie, dass Gottes Heilsgeschichte und persönliche Heilsgeschichte ineinander fließen? Denn wer ist Gott? Die Juden

sagen: Der Gott Israels ist der Gott der Gerechtigkeit, der Allmächtige und Barmherzige. Viele Christen sagen: Gott ist in Jesus Liebe. Beides sind sehr einseitige Aussagen über Gott. Wenn Gott nur Liebe ist, warum hat er dann keinen Finger gerührt in Auschwitz? Es ist einseitig, zu sagen Gott sei nur Liebe. Er ist Liebe, er ist auch allmächtig, er ist auch barmherzig, er ist auch gerecht. Jahwe, der Vater Jesu Christi, mit dem Jesus eins ist, ist Tun – der seiende, wirkende Gott –»Ich bin, der ich bin.« Er ist der, der handelt: in der Schöpfung, in der Geschichte, in der Heilsgeschichte mit Israel, mit der Gemeinde und mit jedem von uns persönlich. Eingebettet in sein Tun sind seine Liebe, seine Allmacht, seine Gerechtigkeit, seine Weisheit und viel mehr als das. Gott ist Tun. Das sieht man ständig hier.

Ein sehr tiefsinniger und kluger Mann hat zu mir gesagt: »David, du predigst tiefen Trost, weil du heilsgeschichtlich predigst.« Wer jetzt nur Trost predigt, kann letzten Endes sehr wenig Trost anbieten, denn Trost ist im heilsgeschichtlichen Rahmen zu sehen. Der Herr ist A und O, mein Anfang und mein Ende, und er ist der Gegenwärtige. Sein heilsgeschichtliches Handeln ist der Erweis seiner Gegenwart – nicht unser Verlangen nach besonderen Wundern und Zeichen. Sicher ist er gegenwärtig, aber gegenwärtig wann und wie er will: »Dein Wille geschehe«, nicht mein Wille.

Diese Gegenwart Gottes ist heilsgeschichtlich erwiesen, auch in unserer Zeit. Ich erinnere an die Heimkehr meines Volkes nach schrecklichsten Leiden zurück nach Israel, drei Jahre nach dem Ende des Dritten Reiches, sogar genau: Mai 1945/Mai 1948. Das ist Gotteserweis, heilsgeschichtlicher Gotteserweis. Gleichzeitig gilt: Diese Treue Gottes, seine Barmherzigkeit ist alle Morgen neu.

> »Herr, schicke, was du willst,
> ein Liebes oder Leides;
> ich bin vergnügt, dass beides
> aus deinen Händen quillt.«

Eduard Mörike, der große Dichter und Pfarrer, hat das geschrieben. Damit bezeugt er: Es gibt Segen im Leiden.

Es gibt viele Christen, die gegen das Leiden kämpfen und es für satanisch halten. Sie kämpfen gegen die Kreuzesnachfolge! Leiden kommt vom Herrn, weil er ein Leidensherr ist. Und der Leidensweg ist der Weg der Vertiefung in Christus, unseren gekreuzigten Herrn. Hegel sagt:»Leiden macht einen Menschen zu einem Menschen.« Was passiert, wenn wir nicht zu leiden haben? Sagen wir, wir bekommen alles, was wir wollen. Ich bete, und alles ist da; ein Tischlein-deck-dich-Gott, der tut was ich will. Wäre das gut für mich oder nicht gut für mich? Was meinen Sie? Es wäre schrecklich! Wir wären absolut oberflächliche Menschen.

Wir haben nicht die geringste Ahnung, was gut für uns ist. Wir sind nicht da, Gott zu befehlen. Wir sind da, seinen Willen aktiv – nicht passiv – anzunehmen. Wenn wir das tun, werden wir in unserem Leiden auch Gottes Wege mit uns sehen. Denn Leiden ist Züchtigung, Erziehung, Leiden ist Prüfung. Leiden ist da, uns in die Tiefe seiner Nachfolge hineinzufügen. In die Tiefe der Erwählung Israels, das ein Leidensvolk ist. Wer Leiden verneint, verneint Jesus Christus. Wer nur Herrlichkeit will und besondere Gaben, der verneint Jesus Christus. Das ist nicht unser biblischer Gott. Der biblische Gott ist der Leidensgott. Die Gemeinde wächst in die Tiefe immer in den Leidenszeiten. Menschen kommen zum Glauben, weil sie gerichtet sind; gerichtet, weil sie nicht bekommen was sie haben wollen, weil sie krank werden, weil sie Verlust erleben. Erst dann fangen sie an, nachzudenken über Gott, denn ihre eigenen Wege sind zerstört.

...sondern sie ist alle Morgen neu, und deine Treue ist groß.
Bedenken wir, wann Jeremia das sagt: weinend über Jerusalem, als sein Volk ein Gericht erlebt hat, das neben dem, was Hitler uns angetan hat, das Schlimmste war, das wir je erlebten. Der Tempel ist zerstört, die Jungfrauen sind geschändet, die Männer sind geschlagen, getötet, ins Exil geschickt mit den Frauen. Und Jeremia sitzt da und trauert über Jerusalem. Und er sagt:»...sie ist alle Morgen neu, und deine Treue ist groß.« Schauen Sie Rembrandts Darstellung davon an, oder auch die von Chagall. Das ist Glaube, liebe Brüder und Schwestern, in Not, in Verlust trotzdem Gottes Hand zu sehen – oder gerade deswegen.

Menachem Begin, der einen tiefen Glauben an den Gott Israels hatte, wurde gefragt:»Können Sie an den Gott Israels glauben, nachdem Ihre Eltern und Ihre Brüder und Schwestern alle von Hitler ermordet worden sind?« (Deswegen war er unfähig zu vergeben; man kann nicht jemand befehlen, zu vergeben.) Er sagte: »*Deswegen* glaube ich an den Gott Israels.« Der Reporter hat gestaunt:»Wieso das?«»Wir wurden geopfert (Jesaja 53 – für uns Christen eine Nebenbedeutung dieses Textes), damit Hitler besiegt wurde. Wir waren die Opfertiere Gottes.« Das ist tiefgründig. Wie viele Christen haben diesen Tiefgang? Wir wollen einen Gott, der mich gesund macht, der mir alles gibt, was ich will... Deshalb war ich über die oberflächlich-falsche Evangeliumsverkündigung entsetzt, die wir einmal in der Nähe von San Francisco in einem amerikanischen Gottesdienst hörten:»Jeder kann sein Gold bekommen!« Das war die Zeit der Olympischen Spiele. »Glaubt nur genug, dann wird man reich, angesehen und erfolgreich!« Ist das das Evangelium Gottes?

Der Herr ist mein Teil, spricht meine Seele; darum will ich auf ihn hoffen.
Bedenken Sie, in welchem Zusammenhang Jeremia das sagt. Und vergessen Sie das nicht, wenn Sie selbst sehr krank sind, wenn Sie selbst große Not leiden – mit Ihren Kindern, mit den Eltern, mit dem Mann oder der Frau, wie auch immer.

Zerstörte Stadt! Zerstörtes Volk – *fast* zerstört. Und Jeremia sagt: »Der Herr ist mein Teil, spricht meine Seele.« – Ich weiß, ich brauche das, ich brauche diese Reinigung. Mein Volk braucht diese Reinigung; es ist ein unreines Weib geworden, mit Nebenbuhlern. Ein Thema, das sich durch die ganze Prophetie zieht: Hosea musste eine Dirne heiraten, um das zu verdeutlichen. Er musste das tun, auch wenn es gegen unser Empfinden geht.

Der Herr ist mein Teil, spricht meine Seele; darum will ich auf ihn hoffen.
Das bedeutet: Wenn alles zerstört ist, wenn es keine Hoffnung mehr gibt, dann ist der Herr dennoch da. Das ist beim barmherzigen Samariter sehr deutlich: Alle gehen vorbei, außer dem Sama-

riter. Und wer ist der Samariter, der zu uns hält, sogar zu dem Fremden hält in seiner Not? Das ist letztlich Jesus Christus.

Denn der Herr ist freundlich dem, der auf ihn harrt, und dem Menschen, der nach ihm fragt.

Das bedeutet, *jetzt* sollen wir nach ihm fragen. Wir haben eine dicke Binde über den Augen, denn wir leben im Wohlstand, der oft mehr Fluch als Segen ist. Entweder dienen wir dem Mammon, oder wir dienen Gott. Ein gläubiger Notar sagte mir:»Bruder Jaffin, die schlimmsten Kämpfe um das geldliche Erbe finden unter den frommen Christen statt; es ist fürchterlich.« Jesus gibt uns nur ein Testament in seinen sieben letzten Worten, das Testament der Liebe.»Das ist deine Mutter – das ist dein Sohn.« Er bindet in Liebe die Menschen aneinander, die ihn am meisten lieben und die er am meisten liebt.

Denn der Herr ist freundlich dem, der auf ihn harrt, und dem Menschen, der nach ihm fragt.

Unter allen Umständen, auch im Wohlstand, auch mit dieser Binde gilt:»...der auf ihn harrt, und dem Menschen, der nach ihm fragt.« Suchet in der Schrift: Warum ist das geschehen? Warum erlebe ich Schläge von dem Herrn? Gott erzieht mich aus Liebe. Glauben Sie, dass es eine gute Erziehung ist, den Kindern alles zu geben, was sie sich wünschen? Und dann zu sagen, das sei aus Liebe zu diesem Kind? Das ist haarsträubend.

Das ist passiert mit meinem Vetter, der mir auch ein guter Freund war. Er ist unbeherrscht geworden, wohl weil er für sich keine Grenzen sah, und fuhr in New York mit 100 km/h um 3 Uhr in der Frühe. Schlussendlich hat er Selbstmord begangen unter Rauschgifteinfluss. Er erlebte keine wahre Liebe. Liebende Eltern erziehen ihre Kinder mit Grenzen, nicht aus Härte, sondern um der Liebe willen, damit sie in dieser Welt verantwortungsbewusst leben können. Gesetz und Evangelium: Gesetz, Grenzen kennen, Ordnung kennen – Evangelium – innerhalb der Liebe als Grundlage.

Denn der Herr ist freundlich dem, der auf ihn harrt, und dem Menschen, der nach ihm fragt.

Der Herr erzieht uns, und er erzieht uns hart. Und gerade in dem tiefsten Leiden ist die tiefste Nähe zum Herrn. Öfters merken wir das erst nachher. Ich gebe ein Beispiel, denn ich spreche sehr persönlich. Ich war zu einer Freien Evangelischen Gemeinde unterwegs. Es gab gutes Essen – Leib, Geist und Seele hat der Herr gemacht. Wir kamen nach Trier und schauten diese wunderschöne Stadt an. Und dann predigte ich – an einer Stelle, die eine Synagoge war und jetzt entweiht ist (es gibt keine zehn jüdischen Männer mehr da) – über den auferstandenen Christus als unseren Seelsorger, über die Begegnung mit Maria Magdalena. Ich hatte große Freudigkeit zu diesem Dienst. Kurz vor dem Ende dieses Vortrags war es, als ob mich jemand mit voller Wucht auf den Hinterkopf schlagen würde. Ich drehte mich um – ich bin kein Pseudopazifist. Ich bin wie mein Dackel: zum Kampf bereit, wenn jemand mich schlägt. Was passierte? Ich drehte mich um – und da war kein Mensch; Gehirngefäße waren geplatzt. Ich hatte eine Hirnhautblutung erlitten, eine der gefährlichsten Krankheiten, die es gibt. Kurz gesagt: Es hat einige Zeit gedauert, bis man das herausgefunden hat, bis ich ins Krankenhaus kam, bis ich untersucht wurde. Niemals in jener Situation habe ich gebetet, dass ich gesund würde, niemals. Ich kann beten: »Herr, wenn es dein Wille ist, aber du weißt besser, was gut für mich ist.« Ich habe nur gebetet: »Gib mir die Kraft, deinen Willen zu bejahen.« Das bedeutet, nach dem Herrn zu fragen. Und der Herr hat mich geheilt. Ich durfte viele Wunder erleben, wohl weil ich nie Wunder vom Herrn verlangte – echte Wunder, keine Scheinwunder. Seiner Güte war ich total ausgeliefert. Meine Frau befürchtete, dass ich sterben würde, weil ich gar nicht mehr redete. Ein Jaffin, der nicht redet – dann ist es schlimm. Das hat sie gewusst.

Es ist ein köstlich Ding, geduldig sein und auf die Hilfe des Herrn hoffen.
    Wissen Sie, ich bin von Natur aus einer der ungeduldigsten Menschen. Ich habe sehr wenig Geduld. Das ist mein Naturell, meine Veranlagung. Manche sind sehr geduldig; aber wer in sich ungeduldig ist, muss Geduld lernen. So lernte ich in meinem Leben ständig Geduld. Ich suchte die richtige Frau für mich, und ich tat das, wie es ein Jaffin tut. Zweimal in der Woche habe ich

Verabredungen mit anderen Frauen gehabt, um die richtige zu finden. Ich habe innerhalb von drei Jahren 120 verschiedene Frauen kennen gelernt – aber ich fand nicht die richtige. Meine Eltern glaubten, die richtige Frau für mich zu haben, die Rabbinerstochter, aber das war auch nicht die richtige. Und dann kam ich nach Deutschland, besser gesagt nach Bayern – und da war sie.

Ich habe Geduld gelernt auf seinen Wegen, nicht nach meiner Veranlagung, sondern der Herr schafft Geduld – eine Frucht des Heiligen Geistes (Gal. 5,22) – bei denen, die ihm dienen wollen. Und das kann jeder von uns sein, geduldige wie ungeduldige Menschen. Geduld im biblischen Sinn, das bedeutet Warten auf den Herrn. Nicht verlangen:»Tu mir etwas!«, sondern darauf warten, was er tut und wann er das tut. Die Zeit gehört ihm; die Wege gehören ihm und sind öfters total anders, als wir erwarten. Dass ich eine Bayerin heiraten würde, dass ich, der Baseball-Amerikaner, 16 Jahre nach Auschwitz nach Deutschland zurückkommen und dann ein lutherischer Pfarrer werden würde – wenn das jemand behauptet hätte, hätte ich gesagt, er sei verrückt. Aber so ist es gekommen. Nach Gottes Plan.

Es ist ein köstlich Ding, geduldig sein und auf die Hilfe des Herrn hoffen.
Und wenn Sie ungeduldig sind, wird der Herr sie erziehen, geduldig zu werden. Das hat er mit mir ständig getan. Sie brauchen dabei nicht zu sehr an die Veranlagung denken. Es gibt viele Menschen, die menschlich geduldig sind, aber nicht gläubig geduldig. Es geht nicht um Geduld als menschliche Gabe, sondern als Gabe vom Herrn. Der Herr bringt uns zur Geduld, wenn wir ihm wirklich von Herzen dienen wollen.

...und auf die Hilfe des Herrn hoffen.
Hoffnung – wir Christen leben mit der einzigen wahren Hoffnung, die es gibt, und das ist die Hoffnung auf Leben aus dem Tod. Niemand sonst hat Hoffnung, die erfüllt wird. Sie halten sich am letzten Strohhalm. Aber warum tun so viele Christen das? Wir leben mit der einzigen wahren Hoffnung, der Hoffnung, dass wir im

Gericht vor dem Herrn stehen und er sagen wird: Er/sie gehört mir. Da werden wir schweigen, wir haben nichts zu bringen. Keine Philosophie hilft uns weiter, kein Wünschen hilft uns weiter. Zwar gibt der Herr Zeichen in der Schöpfung: Leben aus dem Tod, Blumen aus dem toten, gefrorenen Land. So haben deutsche Soldaten von Sibirien gesagt, als der Frühling gekommen sei, habe man Gesang gehört, einen Gesang des Lebens aus dem Tod, als das Eis auf den Flüssen geschmolzen sei. Die Auferstehung Jesu ist viel mehr als das alles. Sie ist nicht die Wiederholung eines Naturzyklus, sondern ein vollkommen neuer Anfang. Aber die Auferstehung kommt nicht erst nach dem Tod, das kann ich nicht oft genug wiederholen. Auferstehung kommt jetzt, aus dem lebendigen Tod in der Bekehrung zu dem Leben selbst, zu Jesus Christus und zu wahrer Hoffnung. Später gibt es die unverwesliche Auferstehung, wenn wir beharren bis ans Ende.

...auf die Hilfe des Herrn hoffen.

Jeremia gibt seine Hoffnung nicht auf, und er hat Grund, sie nicht aufzugeben. Gott hat ihm befohlen: Geh nach Anatot und kaufe ein Stück Land, als Zeichen der Rückkehr. Er hat gewusst, wir kehren zurück. Nicht er, nicht Jeremia, sondern später andere. Gottes Plan geht weiter, er ist der Herr der Geschichte, er wird ans Ziel kommen.

Jeremia hatte Grund zur Hoffnung; und wir haben Grund zur Hoffnung, weil Jesus wahrhaftig auferstanden ist. Wissen Sie, das ist nicht allein Glaube, das ist eine Wahrheit. Ich glaube nicht nur an die Auferstehung der Toten, ich weiß um Jesu Auferstehung. Und ich werde das sehr einfach beweisen. Jesu Jünger waren alle gesetzesfromme Juden. Als Jesus gekreuzigt wurde, sahen sie einen Satz in Bezug darauf: »Verflucht ist, der am Holze hängt« (5. Mose 21,23). Finsternis kam über das Land. Das musste für sie bedeuten: Gott hat das letzte Wort gesprochen, das heilige Gesetz, das heiligste des heiligen Gesetzes, das fünfte Buch Mose, Deuteronomium, Mittelpunkt der Thora, die Zusammenfassung des Gesetzes Mose. – Jesus hat bei seiner Versuchung nur aus dem 5. Buch Mose gegen den Satan zitiert. Und die Jünger fliehen, machen sich aus dem Staub, weil sie gesetzestreue Juden sind und die Heilige Schrift scheinbar das letzte Wort über Jesus gesprochen hat, nicht nur aus Angst vor den Römern und den Juden. Sie geben ihn auf. Und was passiert mit diesem vom Gesetz Verfluchten – weil er das unerfüllbare Gesetz (Bergpredigt: vollkommen sein wie Gott) auf sich nimmt, weil er unsere Verfluchung auf sich nimmt? Wir wissen mit absoluter historischer Sicherheit, dass drei Tage nach der Kreuzigung Jesu Petrus in Jerusalem zu finden ist als der erste Christ, der erste Jünger Jesu. Und dazu Jakobus, Jesu Bruder, der ihn als Gott zunächst nicht annahm, als Jesus mit Vollmacht gepredigt hat, mit Vollmacht Wunder getan hat. Wie kommt das alles durch einen Verfluchten? – Sie sind doch gesetzestreue Juden! Paulus erklärt uns in 1. Korinther 15: »Jesus ist gestorben nach der Schrift, am dritten Tage auferstanden und ist gesehen worden...« Er erzählt von über 500 Leuten, mit denen er zum Teil selbst gesprochen hat. Es gibt keine andere Erklärung. Ich habe als Historiker gelernt, wenn man eine Erklärung nicht akzeptiert, muss man eine bessere finden. Es gibt keine andere Erklärung dafür, dass ein vom heiligen Gesetz Verfluchter und Verdammter angebetet wird von frommen Juden. Die einzige Erklärung ist, dass Jesus auferstanden ist und erklärt hat, was sein Kreuz bedeutet. Das hat er zum Beispiel den Emmaus-Jüngern erklärt (»er tat ihnen die Schrift auf«, Lukas 24) – Kreuzespredigt, nur aus dem Alten Testament. Er bezeugt sich als der allmächtige Gott Israels, und das gegenüber mehr als 500 Leuten. Und Paulus hat mit Hunderten von ihnen gesprochen. Die Auferstehung ist für mich nicht nur Glaube, sondern ein Wissen, Gewissheit. Ich weiß, dass Jesus auferstanden ist, und das ist die Grundlage meiner eigenen Hoffnung.

Es ist ein köstlich Ding für einen Mann, dass er das Joch in seiner Jugend trage. Er sitze einsam und schweige, wenn Gott es ihm auferlegt, und stecke seinen Mund in den Staub; vielleicht ist noch Hoffnung.

Ist das wirklich so? Wollen wir unsere Kinder nicht verschonen vor dem, was die Vertreibung war? Vor allem Schlechten, das wir erlebt haben? Hier steht das Gegenteil: Wenn junge Leute lernen, Leiden und Not zu tragen, reifen sie daran. Das wollen wir nicht suchen. Ein sehr fröhlicher und liebenswerter junger Mann bekam Krebs. Und er reifte unter diesem Leiden.

Man reift nicht durch besondere Wunder und Erlebnisse. Das sieht man an Israel in der Wüste, das dort ständig Wunder erlebte, und dann fallen fast alle ab. Nicht Wunderglaube bringt uns weiter, sondern Kreuzesglaube, der uns durch Leiden tief gründet. Wenn wir das jung lernen, in der Tiefe lernen, wird der Weg zum Kreuz, der auch für uns offen ist, eher beschritten – total entgegengesetzt zu dem, was wir haben wollen. Was wir haben wollen, ist verdorben; was wir nicht haben wollen, Leiden, das ist in Christus. Das sollten wir niemals vergessen. Da war Luther genial: Die menschliche Natur steht entgegengesetzt zu Gottes Willen. Was ich will, ist nicht, was Gott will. Wer versucht, seinen eigenen Willen auf Gott zu übertragen, geht totale Irrwege, gegen das Evangelium.

Er biete die Backe dar dem, der ihn schlägt, und lasse sich viel Schmach antun.
So hat es Jesus getan. Tief verankert hier, in der Mitte des Leidens Israels, bei Jeremia, steht Jesus Christus – denn Jeremia ist eine Vorstufe zu Christus.

Er biete die Backe dar dem, der ihn schlägt, und lasse sich viel Schmach antun.
Wissen Sie, als Jude gewinne ich immer wieder den Eindruck, dass die Juden in vielen Hinsichten näher zu Jesus gelebt haben als die Christen. Wir mussten immer wieder geschlagen werden. Mein Onkel, der Lieblingsbruder meiner Mutter, wurde als Kind fast jeden Tag geschlagen von so genannten Christen: »Du Christusmörder!« – Und er musste die andere Backe hinhalten, weil er kleiner war und weil sie mehr waren. Und was haben die Christen getan? Sie haben Kriege gegeneinander geführt, haben die Waffen gesegnet usw. Nicht dass wir besser sind. Leiden ist Zeichen der Erwählung. Welches Volk hat immer gelernt, die Schuld bei sich zu suchen, wie Jeremia uns lehrt, und nicht bei den anderen? Das ist vor allem mein Volk. Dagegen heißt es hier: Die Juden sind schuldig! Die Franzosen sind schuldig! Das sind die Reden, die

man in Deutschland oft hört. Warum sind wir Christen so unchristlich? Und warum sind die Juden öfters so christlich?

Ein weiteres Beispiel: Einer, der gerade zurückkam aus Israel,
sagte zu mir:»Ich habe nur Liebe erlebt von den Juden, obwohl
ich Deutscher bin.«Ich kann nicht sagen, dass jeder Deutsche das
erlebt; sie können auch ganz andere Juden erleben. Was glauben
Sie, wie die Deutschen reagieren würden, wenn wir Juden ein
Drittel des deutschen Volkes umgebracht hätten? Sagen wir die
Schwaben und Bayern. Es gäbe keine Schwaben und Bayern
mehr. Wären alle Deutschen bereit, zu vergeben? Überlegen Sie
– ich glaube es nicht.

Sogar Überlebende der Konzentrationslager sind fähig zu vergeben. Mordechai Ardon, Israels größter Maler (nach dem Tod von
Chagall), sagte bei seiner großen Ausstellung in Berlin:»Hier bin
ich zu Hause.«Seine Eltern wurden beide ermordet, seine Brüder
und Schwestern wurden ermordet, mit einer Ausnahme. Er ist Jude, kein Christ. Wer steht näher zu Jesus? Man soll sich wirklich
Gedanken darüber machen, welches Beispiel wir für die Juden
und für die Welt geben. Denken Sie an den Ort in Israel, wo Jesus
gekreuzigt wurde; die Kirche, die dort steht, die Grabeskirche,
(ich nehme an, dass das der Ort der Kreuzigung ist) ist geteilt unter vier Konfessionen, die sich ständig streiten. Jeder behauptet,
die Wahrheit zu haben. Was soll ein Jude zu solchen Leuten sagen? Nicht dass wir Juden nicht auch streiten könnten, wir streiten noch besser als die Christen. Churchill hat gesagt:»Dreißig Juden – einunddreißig Parteien.« Ignaz Bubis – der leider
inzwischen gestorben ist – hat um einen rabbinischen Bescheid
gebeten; vierzehn Rabbiner hat er gefragt und er hat neunzehn
Antworten bekommen. So ist das.

Lasst uns verstehen, was unsere ganze Bibel sagt, was sie so
deutlich sagt in diesen Klageliedern: In dem tiefsten Leiden kann
die tiefste Hoffnung sein, denn wir sind total abhängig von dem
Herrn, wir haben keine andere, die trägt. Und das will Gott. Die
Brautzeit Israels in der Wüste – abhängig in Bezug auf Essen,
Trinken, Gerechtigkeit, Führung; Brautzeit, auch wenn Israel ab-
fällt zu einem Wunderglauben, der nichts taugt am Ende. Lernen
wir daraus!

Denn der Herr verstößt nicht ewig; ...

Wir müssen auch bedenken, dass es zwei Begriffe von Zeit gibt, unseren Begriff und den biblischen. Für Gott ist alle Zeit gegenwärtig. T.S. Eliot, der große, englische, christliche Dichter, sagt: »In Gottes Augen ist alle Zeit gegenwärtig. Tausend Jahre sind ein Augenblick für ihn.« Am Anfang schuf Gott Himmel und Erde. Vor dem Anfang, *vor* der Zeit war Gott; er steht über der Zeit. In Gottes Augen, in Gottes Sinn der Zeit hat er die Welt erschaffen und den Antichristen getötet in einer Sekunde. Für Gott gibt es keine Zeit nach unserem Verständnis. Tausend Jahre oder Millionen Jahre sind nur ein Augenblick für ihn. Er steht über der Zeit und er ist Herr unserer Zeit. Wir aber leben in der Zeit, und wir wollen ständig unseren Zeitbegriff auf Gott übertragen und verlangen von ihm: »Tu das jetzt, zu meiner Zeit!« Wir müssen aber lernen, uns unter Gottes Zeit zu beugen.

Wenn Sie das Alte Testament tiefgründig lesen, werden Sie feststellen: Alle großen Gestalten gehen durch Irrungen und Wirrungen. Denken Sie daran, was Abraham alles Dummes gemacht hat, oder Jakob. Warum diese Irrwege? Weil es gerade Wege sind für Gott – sie müssen zurechtbiegen, was unrein in uns ist, diese richtenden Wege, die »Irrungen und Wirrungen« – (der Titel einer lesenswerten Novelle von Theodor Fontane). Und wenn wir gerade Wege, unsere Wege bekämen, wie und wann wir sie haben wollten, das brächte uns ins Verderben. »Dein Wille geschehe.«

Ich glaube, dass wir Christen mit einem anderen Zeitbegriff leben als andere Menschen, mit einem Rückblick, weil wir eine Geschichte mit Gott haben oder Gott eine Geschichte mit uns hat. Wir lernen im Rückblick Gottes Heilswege zu sehen, in der Gegenwart meistens nicht. So sagte mir eine Frau, die Metastasen hatte und schreckliche Schmerzen: »Ich habe die ganze Nacht geschrien; ich konnte nicht beten, weil ich solche Schmerzen hatte. Und dann am Morgen, als es mir besser ging, habe ich gewusst, der Herr war trotzdem bei mir.« – Im Rückblick hat sie das erkannt. Der Herr hat einen Weg mit Ihnen. Das sind Wege, die wir erst im Rückblick verstehen, meistens nicht in der Gegenwart. Wehe, wenn wir ständig Zeichen von Gott in der Gegenwart verlangen; das ist nicht sein Wille, sondern mein Wille. Das ist nicht der heilsgeschichtliche Weg Gottes, sondern der Weg des gefallenen Menschen, der seinen Willen durchsetzen will. Demut, Geduld müssen wir lernen, und das ist hart, vor allem für einen Willensmenschen wie ich. Ich weiß das, aber das muss man lernen, und der Herr lehrt uns das. Wir lernen es nicht, er tut das, er lässt die Frucht Geduld in uns wachsen.

Denn der Herr verstößt nicht ewig; ...
In Gottes Augen ist unser Heil jetzt da. Unsere Zukunft in seinem Reich ist auch jetzt da – in seinen Augen. Wie das geschrieben steht von den vier Heidenknechten, die das Los warfen um Jesu Gewand. Die Erwählung, das Kleid der Erwählung wird an die Heiden in alle vier Himmelsrichtungen gehen – aber der Rock wird unzertrennt bleiben. Das bedeutet, in diesem Moment gehören die Erwählten in der geistlichen Gemeinde Jesu zusammen, und das hat mit Konfession nichts zu tun, das ist überkonfessionell, das ist wahre Ökumene. Nicht Rom oder Genf, sondern die Ökumene der Erlösten, der Kirche durch den Geist Gottes. Und in Gottes Augen ist das *jetzt* seine Gemeinde, weil es zukünftig seine Gemeinde ist. Es gibt keinen Zeitbegriff für Gott. Er steht über der Zeit. Vergessen Sie das nicht.

Denn der Herr verstößt nicht ewig; sondern er betrübt wohl und erbarmt sich wieder nach seiner großen Güte. Denn nicht von Herzen plagt und betrübt er die Menschen.
Es steht häufig in der Bibel, dass Gott viel lieber Barmherzigkeit üben will als Gericht. Aber es ist der Mensch, der Gericht verlangt, weil er seine eigenen Wege verlangt. Er will haben, was er haben will. Deswegen müssen wir gerichtet werden, deswegen schlägt er uns, deswegen geht er diese schmerzhaften Wege mit uns. Diese ganze Fehleinschätzung heute, dass der Mensch in Ordnung sei – was für ein Lügengeist wirkt da! Der Mensch, der die Ehe bricht, der Mensch, der die Kinder im eigenen Leib tötet – ist das der Mensch, wie ihn Gott will, der in Ordnung ist? Wir leben in einer Zeit des Lügengeistes, am Ende der Tage – Jesaja. Was gut genannt wird, ist böse, und was böse genannt wird, ist gut. Der Mensch weiß nicht mehr, was er braucht. Der Herr ist gegen-

wärtig, vor allem in seinem Gericht, in unserem Leiden, in unserer Not. Das sind Wege, durch die er uns hindurchführen wird. Erprobung bedeutet nicht, sie als großer christlicher Held zu bestehen; Probe bedeutet, zu erkennen: Der Herr will mich weiterführen. Glauben Sie nicht alles, was in den Büchern über die so genannten großen Glaubenshelden steht, die immer das Richtige sagen und tun. Das tun die Engel; solche Engel gibt es nicht hier auf Erden. Was gut ist in mir, kommt von Gott, und was gegen das Gute ist, kommt aus mir selbst. Das gilt für jeden. Machen Sie keinen Prediger und keine Konfession zu einem Allheilmittel; es gibt nur ein Allheilmittel, und das ist Jesus Christus und Christus allein. Menschen, auch die größten, sind unvollkommen und fehlbar.

Wenn man alle Gefangenen auf Erden unter die Füße tritt und eines Mannes Recht vor dem Allerhöchsten beugt und eines Menschen Sache verdreht – sollte das der Herr nicht sehen? Wer darf denn sagen, dass solches geschieht ohne des Herrn Befehl...

Gott erlaubt das Gericht, um zu züchtigen. Gott hat Satan erlaubt, im Paradiesgarten zu sein. Gott ist allmächtig, er hätte Satan den Weg versperren können. Warum tat er es nicht? Der zentrale Satz im Alten Testament lautet: »Ihr sollt erkennen, dass ich der Herr bin.« Warum sind wir mehr als die Engel? Im Hebräerbrief lesen wir, dass wir mehr sind als die Engel. Die Engel loben und preisen Gott als den Schöpfer. Wir loben und preisen Gott als den Gekreuzigten, denn wir wissen, dass wir ihn brauchen. Die Engel wissen nicht, was Kreuz, was der Fall ist – außer den gefallenen Engeln, und die preisen Gott nicht. Dieses Thema ist in der Tiefe behandelt in meinem Buch »Schweigt Gott zum Bösen?«.

Wer darf denn sagen, dass solches geschieht ohne des Herrn Befehl und dass nicht Böses und Gutes kommt aus dem Munde des Allerhöchsten?

Böses! Was bedeutet Böses? Was wir als Böses verstehen – das ist öfters etwas sehr Gutes und Notwendiges für uns, Gottes richtender, erzieherischer Weg mit uns. Nicht böse im Sinne von übel, uns zu verderben. Gott will uns nicht verderben.

Ich möchte hier ein Bild anführen, das ich in einem Gebet benutzt habe, ein Bild von einem Baum ohne Blätter: Ich finde diesen Baum viel schöner als einen Baum mit grünen Blättern, denn er ist entleert von jeder Versteckungsmöglichkeit. Er ist bloßgelegt. Wie der Herr uns im Paradiesgarten bloßgelegt hat, dass wir nackt waren. Das bedeutet, in den tiefsten Momenten, wo wir nichts mehr haben, keine Zukunft, wo alles total verloren erscheint – wie bei Elia, der erschöpft sagt: »Ich kann nicht mehr, es ist genug.« – Da ist Gott am nächsten. Denn wie war das bei Jesu Erhöhung? Total ausgeliefert den Mächten und Kräften dieser Welt, nackt für die Wahrheit dieser Welt, ohne Reichtum, ohne Macht – das ist seine Erhöhung am Kreuz. Liebe Brüder und Schwestern, das ist der Weg der Nachfolge. Ich bitte und bete, dass der Herr Sie bloßstellt, ständig bloßstellt durch sein Wort, dass Sie keinen Weg haben, sich vor ihm zu verstecken; bloßstellt, indem Sie wissen: Ich brauche diesen Gott, denn ohne ihn gibt es keine Zukunft, ohne ihn gibt es keinen Trost und ohne ihn bin ich verloren. Ich hoffe und bete, dass der Herr das mit euch öfters tut, wie er es mit mir getan, mich bloßgestellt hat. Wie Hiob: »Nackt komme ich von meiner Mutter Leib, und nackt kehre ich zurück.« Und dann stimmt er diesen berühmten Lobgesang an den Herrn an. Ich hoffe, dass das Ihr Weg ist. Das ist der einzige Weg zu Gottes Reich.

Amen.

Einführung in das Buch Ester – Teil I

Ich schaute den Himmel an,
jeden Tag neu zum blauen Himmel.
Unendliche Ruhe,
als mein Volk geopfert wurde,
brennendes Opfer.
Der Geruch von süßem Fleisch,
das Geschrei von sterbenden Kindern,
die Qual des Hungers,
der Hass des Feindes.
Nur nach oben schaute ich, Herr,
schaue ich immer noch und warte,
warte auf deine Antwort.

Liebe Brüder und Schwestern,
dieses Thema fängt nicht mit Hitler an; das ist ein Thema, das sich durch die ganze Geschichte meines Volkes, des Volkes Israel zieht: Menschen, die uns los sein wollen, die uns ausradieren wollen. Der tiefe biblische Hintergrund steht gleich am Anfang der Bibel, im ersten Buch Mose: die Schlange, der/das Böse, das immer andere Formen annimmt. Es nimmt immer andere Formen des Judenhasses, des Antisemitismus an. Manchmal, weil wir armselig und in Schmutz leben, wie meine Vorväter in Osteuropa, oder weil wir zu reich und vornehm sind, oder weil wir zu klug sind oder zu dumm. Dumme Juden gibt es auch, seit meiner Schulzeit kann ich das bezeugen. Es gibt immer wieder eine andere Art, die Juden zu hassen. Am Ende der Tage nimmt der Judenhass eine sehr schlangenhafte Form an: den Antizionismus. Wir sind für die Juden, natürlich! Was ist ihnen nicht alles passiert, den armen Juden! – Aber gegen Israel sind die Medien fast überall auf der Welt, zum Teil sogar in Amerika. Als ob die Juden und Israel zu trennen wären, wo die ganze Hoffnung Israels auf das Land zielt, auf den vierfachen Segen Abrahams, auf die Ankunft des Messias! Einer der dreizehn Punkte des jüdischen Glaubenscredos – Maimonides. Juden dürfen keine systematische Theologie treiben,

denn man kann kein System aus Gott machen, nur diese dreizehn Punkte sind erlaubt. Ein zentraler ist die Messias-Erwartung.

Gerade dieses Thema, welches direkt mit der Schlange anfängt, hat ein Buch sehr verdeutlicht; ein Buch, das wir Juden natürlich besonders gut kennen, weil es mit unserem Purim-Fest zu tun hat. Das ist das Buch Ester, der Versuch Hamans (»Sein Name sei erlöscht« sagt ein Jude, wenn er z.B. die Namen Hitler oder Himmler oder Haman nennt), alle Juden umzubringen.

Haman lebte im 5. Jahrhundert vor Christus unter dem König Ahasveros. Dieser König ist eine merkwürdige Gestalt, sicherlich keine gute, denn alles was er entscheidet, wird vorher von seinem Wein beeinflusst. Da steht, wenn Sie das Buch genau lesen, dass er genug getrunken hat – und dann kommt eine Entscheidung. Das ist nicht gerade ein Vorbild für uns Christen. Wenn ich diese Texte lese über seine Feste, finde ich sofort eine Parallele im Neuen Testament, und zwar Herodes. Es geht da sehr herodianisch zu. Er veranstaltet ein großes Fest, um seinen Reichtum und seine Macht zu zeigen. Immer in der Bibel, aber immer, wenn lange Listen gemacht werden, lange Listen von Essen und Trinken (das kommt weniger vor) oder lange Listen von dem, was die Feinde haben, um gegen mein Volk zu ziehen – wird das lächerlich gemacht. Denn der Gott Israels wirkt nicht durch äußerliche Zahlen und Pracht, sondern er wirkt durch einzelne Menschen im Verborgenen. Es gibt Bewegungen in der Christenheit unserer Zeit, die davon lernen sollten. Nicht nur eine große Anzahl von Menschen zählt, nicht nur Scheinwunder usw. zählen, sondern Gott wirkt im Verborgenen, im Privaten, durch einzelne Menschen wie Mordechai und Hadassa/Ester.

Ich lese nur den Anfang, damit Sie eine gewisse Vorstellung haben, wie die Bibel mit dieser Macht und Pracht umgeht. Denken Sie daran, wo dies alles hinzielt: »Jesus, ich gebe dir alles, was mit Macht und Reichtum zu tun hat, die Schätze dieser Welt.« Das ist die satanische Zielsetzung solcher Texte. Wir müssen die Bibel immer gesamtbiblisch sehen. Jesus lehnt das ab, in tiefer Geborgenheit und in Gehorsam gegenüber seinem Vater. So sehen wir in diesem Privatwirken von Mordechai hier eine Vordeutung dieser ganzen Entwicklung. Ich lese nur, daß Sie einen gewissen Eindruck bekommen, wie die Bibel sehr gerne ironisch, herablassend von den Mächten und Kräften dieser Welt redet. Tun wir das? Ja, wir schmunzeln über andere; aber wie oft sind wir verführt durch Zahlen, durch Macht, durch Reichtum, durch »Heil Hitler« – wir sind Gottes erwähltes Volk, nicht die Juden, sondern wir – usw. Wir sind alle verführbar durch irgendetwas.

Zu den Zeiten des Ahasveros, der König war vom Indus bis zum Nil über hundertundsiebenundzwanzig Länder, als er auf seinem königlichen Thron saß in der Festung Susa, im dritten Jahr seiner Herrschaft, machte er ein Festmahl für alle seine Fürsten und Großen, die Heerführer von Persien und Medien, die Edlen und Obersten in seinen Ländern, damit er sehen ließe den herrlichen Reichtum seines Königtums und die köstliche Pracht seiner Majestät viele Tage lang, hundertundachtzig Tage. Und als die Tage um waren, machte der König ein Festmahl für alles Volk, das in der Festung Susa war, vom Größten bis zum Kleinsten, sieben Tage lang im Hofe des Gartens beim königlichen Palast.

Und so geht das weiter:

Da hingen weiße, rote und blaue Tücher, mit leinenen und scharlachroten Schnüren eingefasst, in silbernen Ringen an Marmorsäulen. Da waren Polster, golden und silbern, auf grünem, weißem, gelbem und schwarzem Marmor.

Und so geht das immer weiter. Wenn Sie das lesen, lassen Sie sich nicht verführen von Ihren Augen. Hier wird etwas unter die Lupe genommen, hier wird jemand tief in Frage gestellt durch seine eigene Macht, seine eigene Pracht, seine eigene Selbstverherrlichung.

Und was ist passiert? Ahasveros hat üblicherweise viele Frauen, aber er hat nur eine Königin. Und diese Königin heißt Wasti. Und nachdem er viel getrunken hatte – das ist ein Leitmotiv hier –, soll sie kommen, um ihre Schönheit zu zeigen. Ich glaube, dass jede anständige Jüdin oder Christin nicht kommen würde, wenn ihr Mann sie ganz unter dem Einfluss von Alkohol bei einem großen Fest rufen ließe, sich zu zeigen, um ihrer Schönheit willen. Das ist Erniedrigung. Ich habe ein gewisses Verständnis für diese Wasti, dass sie unter diesen Umständen nicht kam. Man sollte das als Jude vielleicht nicht haben, aber ich habe Mitgefühl mit ihr. Sie kam nicht – und wie reagierte der König? Mit Zorn und Verachtung gegen diese Haltung. Und was könnte die Auswirkung sein?

Vers 17:
Denn es wird diese Tat der Königin allen Frauen bekannt werden, so dass sie ihre Männer verachten...
Das ist eine sehr interessante Aussage. Es bedeutet, hier wird ein Beispiel gesetzt, wenn der Mann etwas verlangt, dass die Frau ihm nicht gehorcht. Das ist natürlich eine wunderbare Heldin für die Feministinnen, die dafür eintreten, nicht zu tun, was die Männer haben wollen. Meine Meinung: Wir müssen hier einen Mittelweg finden. Es wäre besser gewesen, wenn Wasti gekommen wäre und nachher im Gespräch mit ihrem Mann erklärt hätte, dass sie in Zukunft nicht kommen wird unter solchen erniedrigenden und entwürdigenden Umständen. Die Männer sind nicht da, ihren Frauen Dinge zu befehlen, die entwürdigend sind, sondern mit Mitgefühl und Liebe für ihre Frau zu handeln. Wasti geht nicht sehr klug vor, aber der König handelt so nur, wenn er viel Wein getrunken hat (wie Herodes), und das ist für sie sicherlich entwürdigend. Aber sie ist in dieser Zeit letzten Endes auch Untergebene des Königs, und wenn der König ein Wort spricht, dann muss jeder Untertan gehorchen. Das muss man auch historisch berücksichtigen, auch wenn wir hier nicht einverstanden sind.

Das Ergebnis ist, dass sie keine Königin mehr sein wird. Und dann wird nach einer neuen Königin gesucht.

Kapitel 2, ab Vers 5:
Es war ein jüdischer Mann im Schloss zu Susa, der hieß Mordechai, ein Sohn Jairs, des Sohnes Schimis, des Sohnes des Kisch, ein Benjaminiter, der mit weggeführt war von Jerusalem, als Jechonja, der König von Juda, durch Nebukadnezar, den König von Babel, in die Gefangenschaft geführt wurde. Und er war der Pflegevater der Hadassa...
Wenn Sie den Namen Hadassa hören, kommen Ihnen vielleicht gleich Verbindungen in den Sinn. Ich, als Jude, bringe sofort zwei

Dinge in Verbindung mit dem Namen Hadassa. Es gibt eine große internationale, jüdische Organisation, die heißt Hadassa. Sie ist genannt nach dieser Ester, dieser Hadassa, und sie hat vor allem die Aufgabe, gute Werke zu tun, die Armen zu pflegen, auf der ganzen Welt Juden in Not zu helfen. Besonders bekannt ist das Hadassa-Krankenhaus in Israel, wo Marc Chagalls bemalte Fenster von den zwölf Stämmen Israels zu sehen sind. Das kommt alles von diesem Namen und dem Tun dieser Frau und dem Mann, der hinter dieser Frau steht. Denn hinter jedem guten Mann steht eine gute Frau, und hinter jeder guten Frau – hoffen wir – steht ein guter Mann.

Und er war der Pflegevater der Hadassa, das ist Ester, einer Tochter seines Oheims; denn sie hatte weder Vater noch Mutter.
Das ist ein Beispiel gegen Vorurteile wie:»Ach, wenn die Leute so als Pflegekind aufgewachsen sind, im Heim, dann kann man nichts anderes von ihnen erwarten.« Wir glauben nicht an solche Vorurteile. Sicher, es ist schwieriger für Menschen, die so aufwachsen, daran ist nicht zu zweifeln, vor allem in einer Welt wie hier. Studien zeigen, dass von Zwillingen, die ohne Vater und Mutter sind, die adoptiert werden, einer zum Verbrecher oder zur Hure werden kann und der andere etwas total anderes. Lassen Sie sich nicht in diese psychologischen und soziologischen Zwänge hineinbringen, die sagen»weil das so ist, wird das selbstverständlich so sein«. Es ist nicht selbstverständlich so! Es gibt sehr viele bekannte und sehr viele gute Menschen, die Waisen waren. Aber es ist auch nicht daran zu zweifeln, dass mit einem solchen Hintergrund vieles schwieriger ist, vor allem in unserer Zeit und Welt. Aber es gibt viele Menschen, die so einen Hintergrund haben, und die den Weg zu dem wahren Vater gefunden haben in Jesus Christus.

Und sie war ein schönes und feines Mädchen.
Diese natürlichen Gaben sind sehr wichtig. Die Bibel hat beides zu sagen, Positives und Negatives, denn sie können positiv wie negativ benutzt werden. Denken wir zum Beispiel an Stärke. Goliat ist ein starker, fürchterlicher Heide; Simson aber, auch wenn er sicher verleitet war, ist ein großer Held durch seine Stär-

ke. Das bedeutet, die Gaben, die wir haben, können so oder so benutzt werden. Eine schöne Frau kann sehr leicht ihre Schönheit benutzen und schnell zur Dirne werden; aber wir haben in Malmsheim eine sehr hübsche Frau, sie ist Christin, und durch sie war unser Jugendkreis gut besucht von jungen Männern – das war nicht schlecht. Es gibt die Möglichkeit, Gaben so oder so zu benutzen. Das hat mit Stärke, das hat mit Schönheit, das hat mit Klugheit zu tun. Gerade die Klugen versagen sehr oft. Es ist ja ein durchgehendes biblisches Thema, die große Schuld liegt bei den Priestern – bei denen man eigentlich Klugheit voraussetzt – das zieht sich durch die ganze Prophetie. Die Gegenspieler von Jesus, die Hohenpriester, die Schriftgelehrten waren ebenfalls kluge Menschen. Das Versagen der katholischen Priester gegen Gottes Wort, gegen die Reformation, und das Versagen eines Teils unserer Pfarrer am Ende der Tage mit politischer Theologie, psychologischer Theologie usw. Andererseits gab es einen Martin Luther, gab es z.B. vor ihm einen Paulus. Die Gabe der Intelligenz kann benutzt werden in Demut unter dem Herrn oder um mit einer Superklugheit Gottes Wort zu zerlegen, zu hinterfragen und sich selbst zu verherrlichen. Denken Sie an Ihre Gaben und wie Sie sie benutzen, mit welchem Motiv. Auch Schwächen können zu Gaben werden. Behindert sein ist eine Schwäche, weil man nicht tun kann, was andere können, aber es kann auch eine große Gabe sein. Behinderte Menschen fordern unsere Barmherzigkeit heraus. Wenn wir jemand sehen in einem Rollstuhl, wenn wir jemand sehen, der geistig behindert ist – das soll unsere Barmherzigkeit wecken. So können auch Schwächen beides sein: Einer kann sich selbst zermürben mit seiner Schwäche, und der andere ... Joni ist ein berühmtes, vorbildliches Beispiel, querschnittsgelähmt, und sie hat sehr viel aus ihrer Schwäche gemacht. Sie darf erleben: »Meine Kraft ist in den Schwachen mächtig.« Das ist auch ein zentrales, biblisches Thema.

So wird bei dieser Ester ihre Schönheit etwas sehr Positives sein. Sie gefällt den Leuten natürlich, und sie wird Königin werden.

Kapitel 2, Vers 10:
Aber Ester sagte ihm nichts von ihrem Volk und ihrer Herkunft;
denn Mordechai hatte ihr geboten, sie solle es nicht sagen.

Es gibt eine Zeit zu reden und eine Zeit zu schweigen. Später wird für sie die Zeit kommen zu reden. Das war immer ein Problem bei uns Juden. Ich kann mich erinnern, sehr persönlich und existentiell: Mit sieben oder acht Jahren war ich in einem jüdischen Sommerlager, es war ganz am Ende des Krieges, als es dann bekannt war, dass Hitler sehr stark gegen die Juden vorging (alle Details waren in Amerika noch nicht bekannt). Ich war Baseball-Amerikaner und lebte nur für Sport, war ein guter Sportler, sehr schnell – und eines Nachts wachte ich auf. Wir schliefen zu fünft in einem Häuschen, und der Verantwortliche für unsere kleine Gruppe, ein junger Mann, vielleicht 25 Jahre alt, war im Gespräch mit einem Freund und fragte:»Soll ich meiner Freundin sagen, dass ich Jude bin?« Ich muss sagen, da war ich sehr erschreckt. Meine Eltern hatten mir kein Wort gesagt über Verfolgung von Juden, folglich war ich sehr betroffen. Ich bin anders, ich sage immer als Erstes, dass ich Christ bin, als Zweites, dass ich Jude bin. Ich schäme mich nicht, Jude zu sein, und ich bin bewusster Jude. Ich sage das immer; auch schon bevor ich Pfarrer war, habe ich das immer gesagt. Ein Jude soll sich nicht schämen, dass er Jude ist. Aber denken Sie, in meinem kleinen Ort, in Scarsdale/New York, wo viele Juden wohnen, haben viele Juden verheimlicht, dass sie Juden sind – bis zum Sechs-Tage-Krieg.

Als Israel mit großem Heldentum ein bisschen die Muskeln gezeigt hat, bekannten sich fast alle Juden, die vorher offiziell keine waren, plötzlich, Juden zu sein.

Etwas sehr Merkwürdiges erlebe ich unter den Christen in Deutschland. Früher hat man natürlich vertuscht, dass man jüdische Vorväter hat; jetzt erlebe ich von jedem fünften Menschen, dass er irgendwo bestimmt einen jüdischen Vorfahren gehabt hat.

So geht das von beiden Richtungen.

Die Zeit, sich zum Judentum bekennen zu müssen, war wohl vor allem im Dritten Reich, denke ich.

Ester durfte sich hier nicht als Jüdin zu erkennen geben, aber das ist kein Grundsatz. Mordechai hat gewusst: Sie kommt in eine Machtposition. Wir Männer sollten uns darüber im Klaren sein: Frauen haben eine Macht über uns, die haben sie immer gehabt.

Wir sollen ehrlich sein mit uns selbst. Unter Juden ist das wohl bekannt; der Besuch im Tempel, in der Synagoge, das ist eine Macho-Sache. Wir Männer sind unter uns, die Frauen haben ihren Kopf bedeckt und sitzen da auf der Empore, denn es steht im Talmud, dass man die Frauen nicht anschauen soll, sondern an Gott denken. Wir sind unter uns, und wir haben die Vollmacht – bis wir nach Hause kommen. Da findet dann der Machtwechsel statt. Deswegen bleiben die frommen jüdischen Männer lange in der Synagoge. Liebe Männer, denken Sie an den Einfluss der Tränen. Sie lieben Ihre Frau, und Sie haben die Frau verletzt – und sie schluchzt:»Wie kannst du mir das antun?« Und diese Tränen erweichen unser Herz. Das ist die Macht der Frauen. Ich habe nie daran gezweifelt, denn ich bin unter Frauen aufgewachsen, mit zwei älteren Schwestern, die lange über mich geherrscht haben. Ich kenne die Tatsachen, und ich bekenne mich dazu.

Vers 15:
...Ester fand Gunst bei allen, die sie sahen.
    Das war sicherlich auch erniedrigend, dass sie ihre Schönheit zeigen musste; ein bisschen so wie bei den freiwilligen Schönheitswettbewerben heute. Aber Ester zeigte sich allen, und alle sagten, dass sie besonders schön sei.

Und jetzt mache ich Sie aufmerksam auf Vers 16:
Es wurde aber Ester zum König Ahasveros gebracht in den königlichen Palast im zehnten Monat, der da heißt Tebet, im siebenten Jahr seiner Herrschaft.
    Denken Sie: 10 und 7, 10 mal 7, die 70 Ältesten, die am Sinai mit Mose Gott schauten, und davon abgeleitet die 70 Weisen – die sogenannte Septuaginta, die Übersetzung der hebräischen Bibel ins Griechische für die nicht jüdisch sprechenden Juden, die damals die Mehrzahl waren. 10 und 7 sind Zahlen, die sich durch die ganze Bibel ziehen. 7 – Schöpfungszahl, der lebendige Herr der Schöpfung; und 10 – die zehn Gerechten, die in Sodom nicht gefunden wurden und die öfters umkippen in Un-Gerechte. Diese 10 ist sehr interessant: Die zehn Kundschafter, die das Land nicht übernehmen wollen; und die zwei richtigen Zeugen, Kaleb und Josua, waren zur Übernahme bereit. Die Juden brauchen zehn

Männer, um einen Minion, einen Gottesdienst oder eine Gebetsgemeinschaft zu halten. Jesus sagt: »Wenn zwei oder drei versammelt sind...« – Gesetz steht hier gegen Evangelium. Manchmal gehören sie zueinander, hier sind sie entgegengesetzt. Die zehn verlorenen Stämme und die zwei, die bleiben: Juda – Jesus; Benjamin – Paulus. Zehn hat mit den Zehn Geboten und auch mit Gerechtigkeit zu tun, denn der gerechte Gott wird hier handeln. Der Herr der Schöpfung, der diese Schöpfungsgaben gibt – wie Ester die Schönheit als Schöpfungsgabe empfangen hatte. Auch solche Gaben dürfen wir dankbar annehmen und bescheiden nutzen. Hier geht es um den Schöpfergott und den Herrn der Gerechtigkeit.

Und dann kommt eine Nebengeschichte, die aber sehr wichtig ist. Manchmal haben die Nebengeschichten in der Bibel sehr tragende, tiefgreifende Bedeutung. Lesen Sie die Bibel sehr genau, es gibt keine Nebensachen in der Bibel.

Hier wird davon gesprochen, dass Mordechai eine Verschwörung gegen den König entdeckt. Das wird aufgezeichnet im Buch der täglichen Meldungen für den König – aber anscheinend vergessen; schriftlich festgehalten, aber vergessen. Wir denken sofort an den, der Träume gedeutet hat, mit einer Bitte für sich selbst, die vergessen wird – Josef. Das sind durchgehende biblische Themen. Gott handelt durch das, was ein Nebenschauplatz zu sein scheint. Ester ist im Mittelpunkt, und hier ist der Nebenschauplatz, der dann sehr zentral sein kann für die Entwicklung.

Es folgt das zentrale Kapitel 3.

Hamans Anschlag zur Vertilgung der Juden

Nach diesen Geschichten erhob der König Ahasveros den Haman, den Sohn Hammedatas, den Agagiter, und machte ihn groß und setzte seinen Stuhl über alle Fürsten, die bei ihm waren. Und alle Großen des Königs, die im Tor des Königs waren, beugten die Knie und fielen vor Haman nieder; denn der König hatte es so geboten. Aber Mordechai beugte die Knie nicht und fiel nicht nieder. Da sprachen die Großen des Königs, die im Tor des Königs waren, zu Mordechai: Warum übertrittst du des Königs Gebot? Und als sie das täglich zu ihm sagten und er nicht auf sie hörte, sagten sie es Haman, damit sie sähen, ob solch ein Tun Mordechais bestehen würde; denn er hatte ihnen gesagt, dass er ein Jude sei.

Interessant hier: Ester, Hadassa darf das nicht sagen, aber er hat gesagt, dass er Jude sei. Das ist auch wichtig, denn dann kommen die Verfolgung und die Errettung. Gott zeigt seine Macht durch diese Errettung, das ist auch ein durchgehendes Thema in unserer Geschichte. Aber die Juden fragen heute: »Und Auschwitz? Da hat er nichts getan.« Was ist die Antwort, so hart sie sein mag? Auschwitz wurde immer vorgedeutet, vor allem in Hesekiel 37, auch durch die Männer im Feuerofen (bei Daniel). Wir werden durch schreckliches Leiden gehen, aber das wird auch eine Zielsetzung haben: die Rückkehr nach Israel, die Übernahme des Landes und die Wegweisung zu der messianischen Zukunft. Denn: Jesus wird wiederkommen wann und wie er will, aber zu den Juden! Denn wir Christen werden vorher entrückt werden (1. Thessalonicher 4).

Vergessen wir das niemals, auch nicht durch den Mediendruck gegen Israel: Jesus kommt zu den Juden! Gottes Wege sind verborgene Wege, und der Weg des Leidens ist der Hauptweg Gottes. Ich habe selten erlebt, dass jemand zum Glauben gekommen ist durch die Schönheit der Schöpfung oder durch die menschliche Liebe. Das kann Glauben vertiefen. Dagegen kenne ich viele Leute, die zum Glauben gekommen sind, weil sie geschlagen wurden, weil sie krank wurden, weil ihr Ehepartner starb, weil ihr Kind überfahren wurde oder sonst irgend etwas Schlimmes passierte, das ihr Leben veränderte. Leidenswege, die unser ganzes Leben in Frage stellen. Diese Wege *muss* es geben, um Gottes Herrlichkeit zu zeigen; wie es vor dem Auszug aus Ägypten diese Plagen geben *musste,* um Gottes Herrlichkeit zu zeigen. Und auch das endzeitliche Auschwitz musste es geben und durch dieses Dunkel führt der Weg, der für uns ein schrecklich dunkler Weg ist, bis zu Gottes Sieg, einem Sieg *für* uns, nicht gegen uns. Und so ist es, liebe Brüder und Schwestern, mit unserem Leiden. »Wer harret bis ans Ende, wird selig werden.«

Leiden ist nicht Satans Werk, Leiden ist Gottes Werk, der ein Leidensgott ist; und er ruft in eine Leidens-, nicht in eine Herrlichkeitsnachfolge, nicht in eine Ahasveros-Nachfolge. »Wer mir nachfolgen will, der verleugne sich selbst, der nehme sein Kreuz auf sich und folge mir nach.« Wie zu allen Zeiten sind viele Christen sehr leidensscheu und deshalb gefährdet. Sie wollen immer erleben, was ihnen gefällt, und sie wollen über Gott herrschen, dass er handle, wie und wann sie das wollen. Sie schaffen eine neue Theologie der Jüngerschaft, wo es keine solche Theologie der Jüngerschaft in der Bibel gibt. Sie wollen einen neuen Mittler, in Form von besonders begabten, geistbegabten Predigern. Doch es gibt nur einen Mittler zwischen Gott und den Menschen: Jesus Christus. Und es gibt nur einen Weg: den Leidensweg. Und wenn uns dieser Weg nicht gut genug ist, dann sind wir nicht bei Jesus Christus. Der Weg Jesu Christi ist ein Leidensweg, mit Israel und mit uns. Luther hat das tiefsinnig gesehen: Der natürliche Mensch muss zerbrochen werden, denn der natürliche Mensch steht gegen Gott, der Ahasveros in jedem von uns. Das ist hart gesagt, aber es ist biblische Wahrheit. Welchen anderen Trost soll ein Jude haben, als die Erkenntnis, dass mein persönliches Leiden nur ein Teil von einem gesamtvölkischen Leiden ist, das den Weg in die messianische Zukunft bereitet, die wir immer erwartet haben, nach der wir immer Sehnsucht gehabt haben. Es ist seelsorgerlich sehr schwierig, das zu jemandem in Not zu sagen. Aber was für eine andere Perspektive gibt es hier? Man hat nur diese heilsgeschichtliche Perspektive mit Israel.

Und als Haman sah, dass Mordechai nicht die Knie beugte noch vor ihm niederfiel, wurde er voll Grimm.
Darf ein Jude oder darf ein Christ sich beugen vor weltlicher Macht? Sich beugen ist das Zeichen, die Hoheit dieser Macht über uns zu akzeptieren. Aber wie viele Christen haben laut »Heil Hitler« gerufen, und das war genauso schlimm, wenn nicht schlimmer – mein Heil kommt von Hitler. Beugen wir uns nicht ständig vor den Mächten und Kräften dieser Welt? Wir müssen *unser* Gewissen hier fragen. Wir leben, um uns nur vor einem zu beugen, und das ist Jesus Christus. Die Juden haben dieses Gebot immer gehalten – und wir Christen gehören in diese Nachfolge zu dem

Gott Israels, den wir als Jesus kennen. Wir sollen uns nicht beugen vor den Mächten und Kräften dieser Welt. Da müssen wir uns selbst prüfen. Tun wir das, um vorwärts zu kommen in unserem Beruf? Haben wir so etwas getan? Es gibt alle möglichen Zusammenhänge, Versuchungen, wo wir uns vor anderen Mächten und Kräften als vor Gott beugen können, ihre Herrschaft über uns annehmen. Die Juden haben sich vor den Mächten und Kräften dieser Welt nicht gebeugt. »Wer mir nachfolgen will, der verleugne sich selbst, der nehme sein Kreuz auf sich und folge mir nach.« Wenn wir mit Christus leben, müssen wir mit ihm sterben. Darum geht es. Und es geht hier um das Thema »Verbeugen«. Wir verbeugen uns nur vor der Macht Gottes, vor dem Kreuz – wie die Juden vor dem Gott Israels – und nicht vor anderen Mächten und Kräften. Und vor allem nicht vor eigenen Mächten und Kräften.

Fernsehprediger, die nach hohen Einschaltquoten schielen, sind ein warnendes Beispiel!

Und als Haman sah, dass Mordechai nicht die Knie beugte noch vor ihm niederfiel, wurde er voll Grimm.

»Denn es geht um *meine* Herrlichkeit«, könnte er gesagt haben. So sind die Menschen in leitenden Stellungen, sie wollen immer mehr Macht. Ich habe einen Verwandten, der *nur* 200 000 Dollar im Jahr verdient; er ist neidisch auf seinen Schwager, der 400 000 Dollar im Jahr verdient hat. »Je mehr er hat, je mehr er will...« Aber oben rollen auch schnell die Köpfe. Immer ist da der Neid, immer werden die anderen benutzt. Wenn Sie die tiefste Auslegung dieses Themas wollen, dann lesen Sie »Der Tod des Iwan Iljitsch« von Leo Tolstoi. Jeder will der Nachfolger dieses Mannes werden, und jeder kommt (und fragt rührend besorgt): »Oh, wie geht es dir?« So sieht es aus in des Menschen Herz. Wir sollen uns vor Gott beugen, nicht vor uns selbst und unserer Zielsetzung und nicht vor den Mächten und Kräften dieser Welt. Das haben viele Juden getan. Wir haben viel, sehr viel von den Juden zu lernen. Man sagt immer, die Juden lebten nach dem Motto: »Auge um Auge, Zahn um Zahn.« Unsinn! Wer hat immer die andere Wange hingehalten durch die ganze Zeit des so genannten christlichen Abendlands? Wir Juden! Nicht weil wir besser sind, sondern weil wir keine andere Wahl hatten. Und wer hat unter den gesegneten

Waffen sich gegenseitig abgeschlachtet und geherrscht? Wer hat eigentlich näher zu Jesus gelebt?

Aber es war ihm zu wenig, dass er nur an Mordechai die Hand legen sollte, denn sie hatten ihm gesagt, von welchem Volk Mordechai sei; ...

Sofort macht er das zur Kollektivschuld. Wir sind gegen kollektive Schuld, auch gegen deutsche Kollektivschuld. Die Deutschen sind nicht kollektiv schuldig an dem, was im Dritten Reich geschehen ist. Das Dritte Reich war die größte Massenbewegung in der Geschichte Deutschlands, größer als die Reformation, die die zweitgrößte Massenbewegung war. Aber es gab auch jene, die die Knie nicht gebeugt haben. Wie auch Elia später erfährt, dass er nicht allein war, dass es Tausende andere gab, die die Knie nicht gebeugt haben. Aber das waren die Ausnahmen. Die Mehrzahl hat passiv oder aktiv mitgemacht. Das ist keine Kollektivschuld, es hat die Ausnahmen, es hat Menschen wie Bonhoeffer gegeben.

Haman aber will das hier sofort zur Kollektivschuld machen. Die Juden sind Schuld an dem Tod Jesu! Ja, unsere Obersten haben gesagt: »Kreuzige ihn!« Sie sprachen für sich und in der Verantwortung, die sie für das Volk haben; so ungefähr wie extrem modernistische Pfarrer für die Kirche reden, obwohl die Leute, die zum Gottesdienst gehen, oft ganz anderer Gesinnung sind als diese Pfarrer.

Sofort führt das also zu einem kollektiven Urteil gegen dieses Volk. Das ist aber auch klug – denn Haman wusste: Wenn dieser Mordechai die Knie nicht beugt, weil er Jude ist, dann wird auch kein anderer Jude die Knie vor mir beugen. Sofort zum Kollektiv! Und Hitler war in diesem Sinne nicht dumm, wenn er sagte »Rassen gemäß Jude«, denn nach talmudischer Vorstellung ist Jude, wer eine jüdische Mutter hat. Er hat die göttliche Kenntnis dämonisch verdreht – Satan, Affe Gottes.

...sondern er trachtete danach, das Volk Mordechais, alle Juden, die im ganzen Königreich des Ahasveros waren, zu vertilgen.

Das zieht sich durch unsere ganze Geschichte – in Ägypten, in Babylon, in Rom, im späten Mittelalter, in der Hitlerzeit. Und ich wiederhole was ich immer sage: Der Zionismus ist ein messianisches Wagnis! Denn wenn alle Juden wirklich in einem Land leben werden, dann können alle Juden auf einmal vernichtet werden. Es war gerade die Zerstreuung der Juden – und das zieht sich durch die ganze Erzvätergeschichte: Jakob trennt seine Leute, Lot und Abraham trennen sich – genau die Trennung führte zu der Tatsache, dass keiner alle Juden umbringen konnte, auch Hitler nicht. Er hat ein Drittel der Juden vernichtet – ich habe z.b. währenddessen in Amerika Baseball gespielt. Noch immer habe ich ein schlechtes Gewissen, wenn ich daran denke, was meinem Volk in dieser Zeit hier passiert ist.

Im ersten Monat, das ist der Monat Nisan, im zwölften Jahr des Königs Ahasveros, wurde das Pur...
Und daraus kommt »Purim«, das jüdische Fest. Pur, das Los. Und wir haben auch ein Spiel, ein Dredl, das ist jiddisch, etwas das sich dreht, ein Losspiel in Bezug auf Purim. Wir haben auch schöne Haman-Taschen(Ohren):»Schaut, wie er ausgesehen hat, wir essen ihn auf« – das ist nicht so gut. Haman-Taschen(Ohren) sind sehr süß und schmecken sehr gut. Purim, ein großes Freudenfest: Der, der alle Juden umbringen will, der wird dann später selbst umgebracht. Hitler hat Selbstmord begangen, er hat sein Volk geteilt, und Schreckliches ist über dieses Volk gekommen. Das Schrecklichste war die gehorsame Nachfolge Hitlers, das Handeln in seinem Namen, dass so viele Leute das getan haben! Man braucht Hunderttausende, nicht nur ein paar Leute, um sechs Millionen Juden umzubringen. Sehr, sehr viele Menschen haben davon gewusst, müssen davon gewusst haben: 1933:»Die Juden sind unser Unglück« – 1935 wurde ihnen die Staatsbürgerschaft weggenommen, das bedeutet: keine Rechte. Man durfte sich als Jude nicht auf eine Bank setzen, durfte z.b. keinen Dackel besitzen als Jude. 1938 wurden die Synagogen niedergebrannt, und dann verschwanden die Juden. Bei diesem ständigen Antisemitismus zu sagen:»Wir haben das nicht gewusst!« Vielleicht nicht gewusst von den Konzentrationslagern mit diesen Gaskammern. Aber dass Schreckliches mit den Juden passierte, muss jeder Erwachsene gewusst haben. Welche Formen das annahm, das ist eine andere Sache. Man sollte gewusst haben – man wollte aber

nicht wissen, was passiert ist. Das ist leider allzu menschlich, nicht wahr! Wenn Not da ist, denken wir vor allem an unsere eigene Not. Aber damit sind wir auch entblößt. Die Bibel entblößt uns, um uns zu überdecken mit dem Kleid der Gerechtigkeit, dem Gerechten, Jesus. Wir beugen die Knie nur in Demut und Schwachheit vor ihm, nicht durch unsere Leistungen, sondern aus Buße.

...das ist das Los, geworfen vor Haman, von einem Tage zum andern und von Monat zu Monat, und das Los fiel auf den dreizehnten Tag im zwölften Monat, das ist der Monat Adar. Und Haman sprach zum König Ahasveros: ...
Er hat das Los, *er* entscheidet – so denken die Herrscher dieser Welt, dass sie entscheiden. Aber wer kommt ans Ziel? Durch das schreckliche Tun Hitlers – wurde mein Volk zurückgeführt ins Heilige Land als messianisches Ereignis. Gott kommt immer ans Ziel! Und wer wollte Jesus umbringen? Das Satanische in uns, und der Satan selbst. Und wer kommt ans Ziel am Kreuz? Jesus. Und wie war das mit Josef? Das Böse, seine Brüder haben ihn verkauft, und dadurch ist Gott ans Ziel gekommen. Vergessen wir niemals: Das letzte Wort spricht Gott! Auch deswegen verbeugen wir uns nur vor ihm, in Demut, weil er der Allmächtige, der Herr der Geschichte ist – meiner Geschichte wie der Geschichte der Welt. So hoffnungslos das manchmal aussieht, er kommt ans Ziel.

Es gibt ein Volk, ...
Wie die Juden hier beschrieben sind, das ist sehr interessant.

... zerstreut und abgesondert unter allen Völkern in allen Ländern deines Königreichs, und ihr Gesetz ist anders als das aller Völker, und sie tun nicht nach des Königs Gesetzen.
Das ist ein durchgängiges Thema des Volkes Israel und auch ein durchgängiges Thema des Volkes des Neuen Bundes. Sind wir nicht auch abgesondert? Können wir »Wein, Weib und Gesang« leben? Können wir Kinder abtreiben? Was die Heiden, und sie sind in der Mehrzahl, ständig tun. Können wir uns wie die Heiden benehmen? Haben wir Christen auch ein anderes Gesetz, das Gesetz der Liebe, der Bergpredigt Jesu Christi? Ein anderes Gesetz, ein Abgesondertsein, eine andere Wirklichkeit. Wir leben in die-

ser Tradition – wir sind alle Juden, eingefügt in diesen Baum (Römer 11). Alles, was im Neuen Testament steht, hat tiefen alttestamentlichen Hintergrund. Und der Weg des Volkes Israel – wir Christen sind ein kleines Volk jetzt, verachtet hier in Deutschland. Verachtet warum? Vergeltung: weil wir zu wenig für die Juden getan haben, viel zu wenig. Und deswegen sind wir selbst jetzt zu Juden gemacht, nicht theologisch, sondern durch die Lage, in der wir sind. Ein kleines Volk, verachtet –»Ach diese Frommen, diese Märchenerzähler«– das kennen Sie alle. Das war immer die Lage von uns Juden.

Ich habe zu meiner Frau gesagt, nachdem ich Christ geworden bin: »Das ist genau das, was ich immer als Jude erlebt habe.« Ein bisschen verachtet, abgesondert, anders. Wir sind das gewohnt. Und diese Absonderung, dieses Anderssein führt zu Mut. Manfred Siebald hat ein sehr schönes Lied geschrieben: »Mut«; so fängt das an: »Wir brauchen Mut«, und wir werden das lernen. Wir sind viel zu sehr die so genannten »Stillen im Lande«. Wir müssen lernen, Mut zu haben – und das können wir von den Juden lernen. Wer hat den Kommunismus von innen zerstört? Ja, es gab Christen, aber schauen Sie die Liste an. Es war ein Jude nach dem anderen, der im Aufstand gegen diese Regierung war. Wir haben gelernt, uns nicht zu beugen, und wir Christen werden das auch lernen. Abgesondert, mit einem anderen Gesetz, dem Gesetz der Liebe, der Bergpredigt, auch Feindesliebe, eine kleine Gruppe, zerstreut im ganzen Lande. Genau so geht es uns heute. Und damit werden wir Mut lernen. Dieses Scheinchristentum des 19. Jahrhunderts – man könnte sagen, eine christliche Kultur – aber wie viele waren echte Christen? Man ging in die Kirche, vielleicht um seinen Hut zu zeigen.

...und sie tun nicht nach des Königs Gesetzen.
Immer diese Frage! Gebe dem Kaiser, was dem Kaiser gehört, und Gott, was Gott gehört. Aber – Gott gehört das Verbeugen. In dem Moment, wenn der König oder der Kaiser verlangt, was Gott gehört, müssen wir Widerstand leisten, aktiven oder passiven Widerstand, und die Knie nicht beugen. Das hat Hitler sehr deutlich verlangt, und das hat der Kommunismus sehr deutlich verlangt.

Es ziemt dem König nicht, sie gewähren zu lassen.
Und diese Könige machen sich zu einem Gott, einem Götzen!
Der Pharao hat sich als Gott betrachtet. Auf den Münzen, die Jesus in der Hand hatte, war der Kaiser als Gott dargestellt. Hinter diesem Text steckt viel – sogar etwas mehr, als Luther verstanden hat. Der Kaiser hat sich als Gott dargestellt. »Gebt dem Kaiser, was dem Kaiser gehört, und Gott, was Gott gehört.« Und wenn die Könige sich selbst zu Gott machen, dann ist Widerstand angesagt! Aber man soll dazu auch Römer 13 lesen.

Gefällt es dem König, so lasse er schreiben, dass man sie umbringe; so will ich zehntausend Zentner Silber darwägen in die Hand der Amtleute, dass man's bringe in die Schatzkammer des Königs.
Was ist die Ursache, die Juden umzubringen? »Wir wollen etwas davon haben« – nicht wahr: So wurde mir erzählt von Brüdern und Schwestern über die Kristallnacht: Man brach ein in einen jüdischen Laden – obwohl die Juden immer gut mit den Leuten ausgekommen sind – und stahl alles heraus, ohne dass man einen Pfennig bezahlen musste. Wie oft standen Güter, stand Geld als Grund hinter der Judenverfolgung! »Wir nehmen das jüdische Geld, dann haben wir etwas davon.« So haben im Alten Testament sogar Juden gesagt: Wir töten Josef nicht, sondern wir verkaufen ihn, dann bekommen wir noch Geld dafür. Da ist gerade dieses Thema, aber leider unter Juden.

Liebe Brüder und Schwestern, das ist aber sehr, sehr gefährlich. Ich kann mich erinnern, dass ich vor mehreren Jahren zu einer Veranstaltung ging, die normalerweise nicht sonderlich stark besucht wurde. Als ich dahin kam, war es übervoll von Menschen. (Ja, wir Pfarrer sind ein bißchen eitel.) Wissen Sie, warum sie alle da waren? Der Bürgermeister in der benachbarten Stadt hatte gesagt: »Wir brauchen nur *einen* Juden abzuschlachten und all sein Geld nehmen, dann ist unsere finanzielle Misere beendet.« Das hat zu einem Aufruhr geführt. Der Mann hat – Gott sei Dank in Deutschland – sein Amt natürlich verloren. Und viele kamen zum Vortrag, um Gottes Wort zu hören, denn da war ein Jude! Das erste Mal ein Jude, der als Christ sprach. Das war auch ein Zeichen der Solidarität mit den Juden.

Aber dieser ganze Neid auf jüdischen Reichtum! Wissen Sie, Reichtum ist gefährlich. Ich komme aus einer reichen Familie. Ich kann darüber reden mit sehr deutlicher Perspektive. Scarsdale – jeder Amerikaner weiß, Scarsdale ist der reichste Ort der Welt; und mein Vater wohnt in Scarsdale. So wurde ich erzogen. Ich weiß, was es unter den Reichen gibt. Ich komme nicht als ein Armer, der letzten Endes gerne reich wäre, und rede so. Ich komme als ein Reicher, der den Reichtum in diesem Sinn hinter sich gelassen hat. Mein Vater ist ein sehr bekannter Jurist. Sein Anwaltsbüro habe ich bewusst nicht übernommen und diese Werte bewusst nicht akzeptiert. Denn ich habe gesehen, was für eine oberflächliche Welt das ist. Die Welt von Prinzessin Diana, das ist diese Welt.

Wie stark wird sie verehrt, noch immer. Zwei große Menschen, wirklich vorbildliche Menschen, sind in der gleichen Zeit gestorben: Mutter Teresa, die ein sehr großes Vorbild für uns ist (bitte sagen Sie nicht, weil sie katholisch war, sei sie kein Vorbild), und Victor Frankl, der größte Psychiater unseres Jahrhunderts, weil er den Glauben und den Sinn des Lebens in den Mittelpunkt gestellt hat. Und was hat man in den Zeitungen gelesen? Diana – Diana – die reiche Diana (das Playgirl), die natürlich einige gute Werke tat. Ahasveros tat auch gute Dinge unter dem Einfluß des Weins! In welcher verdorbenen Gesellschaft leben wir heute!

Gefällt es dem König, so lasse er schreiben, dass man sie umbringe; so will ich zehntausend Zentner Silber darwägen in die Hand der Amtleute, dass man's bringe in die Schatzkammer des Königs.
    Der König tut alles alkoholisiert, Positives wie Negatives, er ist ein Nichts. Und was tut die Gesellschaft heute? Sie betete Hitler an, sie betet den Wohlstand an, den modernen Baal, sie betet Okkultes an. »Esoterische Tage« werden jedes Jahr in deutschen Städten veranstaltet. Wie ist es mit theologischen Büchern? Jemand hat Interesse, Bücher von mir ins Englische zu übersetzen. Ich habe nichts dagegen. Er ging zu einem Verlag, und was erfuhr er dort? »Wenn es esoterisch ist, dann drucken wir das.« Die Welt läuft allem Möglichen nach, einem aber nicht: dem Weg und der

Wahrheit und dem Leben. Dem einzigen Weg, der einzigen Wahrheit und dem einzigen Weg zum ewigen Leben.

Liebe Brüder und Schwestern, wir brauchen Mut, das Richtige zu tun, das Richtige zu leben, aus Gottes Kraft, in seiner Nachfolge. Schwach, aber mit dem wahren Schatz, dem Schatz im Acker, der wahren Perle, wertvoller als alle Schätze dieser Welt – Jesus Christus. Er, und er allein ist Herr!

Einführung in das Buch Ester – Teil II

Israel 1948 – Heiliger Krieg.
Wer hätte das gedacht, Herr.
Das Land war kahl,
fast leer und steinig.
Weder Milch noch Honig
floss darin.
Und die Feinde kamen
von allen Seiten her,
um dein Volk zu zerstören,
nochmals mit Totenfeldern
von Juden bedeckt.
Aber du erhobst dich,
der Heilige in Israel.
Und das Land – dein Land,
und das Volk – dein Volk,
war neu geboren.
Halleluja!
Amen

Wir sind mitten im Buch Ester. Das theologische Zentrum sehe ich vor allem in den Kapiteln 3 und 4.

Wir lesen ab Vers 13 im 3. Kapitel:
Und die Schreiben wurden gesandt durch die Läufer in alle Länder des Königs, man solle vertilgen, töten und umbringen alle Juden, jung und alt, Kinder und Frauen, auf einen Tag, nämlich am dreizehnten Tag des zwölften Monats, das ist der Monat Adar, und ihr Hab und Gut plündern.

Das ist eine alte Geschichte. Ziemlich einmalig ist hier nur: Alles soll an einem Tag geschehen, alle Juden sollen an einem Tag umgebracht werden. Wir Juden haben ständig Hass gegen uns erfahren. Die Gründe sind letzten Endes weder nur wirtschaftlicher noch nur politischer noch nur soziologischer Art, die Gründe sind religiös, metaphysisch. Es hat mit dem Bösen, mit Satan zu tun.

Er nimmt immer andere Formen an. Und jede Lebensart, die wir Juden haben, ob wir zu reich oder zu arm sind, ob wir zu klug oder zu dumm oder sonst etwas sind, ob wir mitmachen oder nicht – wir werden immer wieder gehasst.

Die Juden waren deutsch-national in Deutschland. Im ersten Weltkrieg sind mehr Juden gefallen – in Bezug auf die Bevölkerung – als Deutsche. Sie gingen freiwillig in den Krieg und wurden für ihre Tapferkeit ausgezeichnet, sie waren national. Viele dachten: »Mir kann nichts passieren, ich habe für Deutschland gekämpft, ich bin ein Nationalheld.« Und Hitler hat sie trotzdem fast alle umgebracht als minderwertig, als deutsche Feinde. Was für ein ungeheurer Widerspruch! Wir können tun, was wir wollen, es nützt nichts.

Jakob Wassermann, der expressionistische Dichter in den Zwanzigerjahren unseres Jahrhunderts hat einmal geschrieben: »Wir können tun, was wir wollen, wir können Freunde, wir können Feinde sein, wir können klug, wir können dumm, wir können reich, wir können arm sein – wir bleiben immer noch Juden.« Irgendetwas spricht immer gegen uns. Die Soziologen finden einen Grund, die Wirtschaftswissenschaftler finden einen Grund, die Politiker finden einen Grund. Tatsache ist, es gibt einen Ur-Grund, und der ist satanisch. Satan ist gegen Gottes Volk und er ist auch gegen uns Christen. Er findet immer wieder eine andere Form, und jetzt am Ende der Tage ist es die Form, gegen Israel zu sein – der Antizionismus.

Und die Läufer gingen eilends aus nach des Königs Wort, und in der Festung Susa wurde das Gesetz angeschlagen. Und der König und Haman saßen und tranken; ...
Wissen Sie, was eines der schrecklichsten Bilder von Auschwitz ist? Viele der Auschwitz-Mörder haben Weihnachtslieder gesungen – haben einen Tag frei genommen vom Umbringen der Juden –, manche haben sogar Mozart gespielt und Mozart ist alles andere als ein Helden-Komponist (das waren Wagner und Beethoven). Sie spielen sensibel Mozart und am nächsten Tag bringen sie wieder Juden um. Und hier trinken sie und sind bereit, die Juden umzubringen (wie Josefs Brüder, als er in der Not in den Brunnen geworfen wurde). So geht die Welt mit uns um. Traurig!

Gott sei Dank, es gibt hier auch Freunde meines Volkes. Meine Frau sagt nach Vorträgen immer wieder zu mir: »David, sei sanftmütig, das hier sind Freunde Israels.« Sie hat ganz recht.

Mordechai bestimmt Ester, beim König für die Juden einzutreten

Zuerst: Verschweige, dass du Jude bist, damit du an die richtige Stelle kommst. Und dann: Zeige, dass du Jude bist, wenn du an der richtigen Stelle bist. Es gibt eine Zeit zu reden und eine Zeit zu schweigen. Das ist auch seelsorgerlich für uns. Viele Christen heute sind nicht missionarisch. Sie leben den Glauben nur für sich, so genannten Konsumglauben. Andere Christen fallen mit der Türe ins Haus. Ich kenne einen, der mir stolz erzählt hat:»Ich sah ein offenes Fenster in einem Auto; als ich vorbeifuhr, habe ich eine Bibel hineingeworfen. Ich weiß, Gott wird das Beste daraus machen.« Ich habe gesagt:»Das ist nicht meine Art, Mission zu treiben.« Wir müssen beten um die richtige Zeit, den richtigen Ort. Es gibt eine Zeit zu schweigen (ich habe Mühe, dies zu lernen). Und es gibt eine Zeit zu reden; das ist kein Problem für mich.

Als Mordechai alles erfuhr, was geschehen war, zerriss er seine Kleider und legte den Sack an und tat Asche aufs Haupt und ging hinaus mitten in die Stadt und schrie laut klagend ...
Denken Sie einmal: mitten in der Stadt. Was für ein Sack ist das? Was für Asche? Das hat eine doppelte Bedeutung: Buße und Tod. Man zieht den Sack an, um Buße zu tun und um Tote zu beweinen. Hier geht es um beides. Ein Bußruf zu Gott und eine Klage, dass sie alle ermordet werden. Mordechai geht durch die Straßen. Das bedeutet, er scheut sich nicht, wenn es hart auf hart kommt. Wie ist das mit uns in der Endzeit, in der antichristlichen Zeit, die auf uns zukommt?

... und kam bis vor das Tor des Königs; denn es durfte niemand in das Tor des Königs eintreten, der einen Sack anhatte.
Sack und Asche, Zeichen für Tod, waren getrennt von dem König, der das Leben seiner Untertanen in seiner Hand hatte – so ist

die Vorstellung. Im Tor wird Recht gesprochen in Israel. Ich nehme an, dass das nicht nur in Israel so war. Er ist der gerechte König nach ihrem Gesetz und ihrer Vorstellung. Man darf ihn nicht mit Themen wie Tod und Buße beschweren. Er bleibt getrennt davon – er lebt lieber mit seinem Wein. Er ist eine sehr merkwürdige Gestalt. Das Gute tut er, wenn er zu viel Wein getrunken hat; und das Schlechte tut er, wenn er zu viel Wein trinkt. Er handelt nur, wenn er zu viel Wein getrunken hat; wenn er keinen Wein trinkt, tut er anscheinend gar nichts.

Und in allen Ländern, wohin des Königs Wort und Gebot gelangte, war ein großes Klagen unter den Juden, und viele fasteten, weinten, trugen Leid und lagen in Sack und Asche.
Buße und Erwartung des Todes.
Da kamen die Dienerinnen Esters und ihre Kämmerer und erzählten ihr davon.

Vers 8:
...und gab ihm eine Abschrift des Gesetzes, das in Susa angeschlagen war, sie zu vertilgen, damit er's Ester zeige und es ihr sage und ihr gebiete, dass sie zum König hineingehe und zu ihm flehe und bei ihm Fürbitte tue für ihr Volk.
Jetzt ist die Zeit zu reden. Und sie hat die Macht, die Herrschaft der Frauen, das ist sehr gut hier.

In Vers 11 sagt Ester:
Es wissen alle Großen des Königs und das Volk in den Ländern des Königs, dass jeder, der ungerufen zum König hineingeht in den inneren Hof, Mann oder Weib, nach dem Gesetz sterben muss, es sei denn, der König strecke das goldene Zepter gegen ihn aus, ...
Ester hat Angst.

Und in Vers 14 sagt Mordechai zu ihr:
Denn wenn du zu dieser Zeit schweigen wirst, so wird eine Hilfe und Errettung von einem anderen Ort her den Juden erstehen, du aber und deines Vater Haus, ihr werdet umkommen.
Dieser Hinweis ist sehr wichtig!
Hesekiel 3,17–19, der urmissionarische Text in der Bibel: Wenn

du den Gottlosen nicht weitersagst, was ich dir gebiete zu sagen, dann kommst du mit den Gottlosen ins Gericht – wenn du schweigst. Das ist hier im gleichen Sinne. Du musst reden, denn du hast die Macht, das Volk zu retten. Auch wenn es um dein Leben geht. – Eine Vordeutung auf Jesus ist diese Lage hier. »Einer muss sterben für das Volk«, eine muss sich der Todesgefahr aussetzen, aber sie wird nicht sterben. »Du musst das um des Volkes willen tun.« Mordechai, der sie erzogen hat, als Jüdin erzogen hat, dass sie da schweigen und jetzt reden muss, zeigt ihr: »Jetzt ist die Zeit zu reden. Du kannst das Volk erretten. Es geht nicht um dich, es geht um Gottes Volk.« Und dann sagt er etwas Interessantes: »Wenn du das nicht tust, wird es jemand anderes tun. Gott wird Hilfe schicken.« Was für ein vertrauensvoller Glaube, »Gott wird einen anderen Weg finden, dein Volk zu retten.«

Und wie war das in Auschwitz? Gott hat scheinbar geschwiegen. Nein, er hat nicht geschwiegen. Denn es steht deutlich geschrieben in der Prophetie, dass Israel zu einem Knochenfeld gemacht wird. Damit war wohl Auschwitz gemeint (Hesekiel 37). Soweit Hesekiel schaute waren nur tote Gebeine von Juden – und dann: Sprich Hesekiel, dass es Leben geben wird über diese toten Gebeine; und er sprach, und da war Leben. Und als noch kein Odem in ihnen war, sprach er, und durch Gottes Wort kam Geist, Odem in sie, und sie standen auf, ein großes Heer. Und der Herr sagt: Sie kehren zurück nach Israel. Israel muss durch die schwersten Leiden gehen, dass sie zurückkehren ins Land und dass der Messias kommt – der Gipfel unserer Leidensgeschichte. Und viele Christen sagen: »Ja, das ist der Weg der Juden, sie müssen leiden.« Und das hört man gerne unter Christen: »In die Trübsal, in die große Trübsal kommen wir nicht – das ist nur für die Juden.« Als ob sie das Leidensvolk Gottes seien und wir nicht! Wir Christen sind auch das Leidensvolk Gottes, und wir kommen in diese Trübsal. Und wer sagt: »Weil ich Christ bin, wird alles gut gehen...« Gerade weil man Jude ist, weil man zu Gottes Volk gehört, und wir Christen gehören dazu, wird es nicht menschlich gut gehen. Wir müssen geläutert werden durch Leidenszeit. »Wer mir nachfolgen will, der verleugne sich selbst, der nehme sein Kreuz auf sich und folge mir nach.« Ich kann Ihnen sagen, wenn man das tut, wird man große Wunder erleben. Ich gebe ein Beispiel: Es gab einen mutigen Pfarrer in Württemberg, der zu Buß- und Bettag, nach der Kristallnacht, als alle Synagogen niedergebrannt waren, öffentlich etwas zu sagen wagte, kein berühmter Prediger, sondern ein unbekannter kleiner Landpfarrer. Zu Buß- und Bettag war der Predigttext »Land, Land, Land, höre des Herrn Wort!« Er hat das gepredigt und die SS war natürlich dabei, als er das gepredigt hat. Er ging auf die Schwäbische Alb, um eine Bibelstunde zu halten. Als er zurückkam, stand die SS Spalier und er musste da hindurchgehen. Sie hatten Stiefel an und haben ihn getreten und gestoßen, bis alles in seinem Leib gebrochen war. Dem ersten Menschen, der ihn im Krankenhaus besuchte, als er noch kaum reden konnte, sagte dieser Pfarrer: »Ich habe noch niemals so einen Frieden, so eine Nähe zu Gott erlebt wie in dem Moment, als diese Leute über mich herfielen. Da war eine Stille, ein Friede, eine Gottesnähe sondergleichen.« Liebe Brüder und Schwestern, das ist der Weg, der Weg der Kreuzesnachfolge. Ich kann Ihnen versichern: Wer wagt, aus der Kraft Christi, wenn auch in Schwachheit, diesen Weg zu gehen, der wird diese Führung in der einen oder anderen Art erleben. Und wer dem ausweicht, weicht dem Heil des Herrn aus. Sehr wichtig! Denken Sie aber an den tiefen Glauben dieses Mordechai: Wenn du das nicht tust, bringst du dich selbst ins Gericht. Aber Gott wird einen anderen Weg für sein Volk finden. Gott findet immer einen Weg. Keiner von uns ist unentbehrlich, das müssen wir alle mit der Zeit lernen, keiner von uns. Gott findet seinen Weg, aber er will das durch uns tun. Und nicht nur du wirst umkommen, sondern auch deines Vaters Haus, ebenso deine Nachkommen.

Vers 16:
So geh hin und versammle alle Juden, die in Susa sind, ...
Warum heißt es ständig »alle Juden«? Alle Juden umbringen, alle Juden erretten. »Sie werden ihn annehmen, den sie durchbohrt haben, und der Geist der Gnade und des Gebets wird ausgegossen über *ganz* Israel.« Wissen Sie, warum? Weil Gottes Erwählung des Volkes Israel keine persönliche Erwählung ist. Er hat nicht *mich* als Juden erwählt, sondern er hat mein Volk erwählt. Ein Jude bekennt sich nicht persönlich zu Gott. »Höre, o Israel, der Herr ist

unser Gott, der Herr ist eins (oder einer).« Das ist das jüdische Glaubensbekenntnis, kollektiv,»unser Gott«. Wo wir als Christen bekennen: »*Ich* glaube an Gott, den Vater, den Allmächtigen, den Schöpfer des Himmels und der Erde, und an Jesus Christus ...« Gott ruft im Neuen Bund einzelne Menschen – aus den Badenern, aus den Schweizern, aus den Schwaben, aus den Amerikanern usw., aus allen Völkern. Aber das Glaubensbekenntnis des Volkes Israel ist kollektiv. Das ist ein Grund, warum Luther und viele große Theologen nicht verstehen konnten, wie Israel immer noch erwählt ist nach Jesus. Denn unser christlicher Weg ist ein persönlicher Weg in der Nachfolge. Das ist nicht der jüdische Weg. Es ist ein anderer Bund mit anderen Wegen. Das Ziel ist die Taufe des ganzen Volkes Israel und das tausendjährige Friedensreich.

So geh hin und versammle alle Juden, die in Susa sind, und fastet für mich (Buße tun), dass ihr nicht esst und trinkt drei Tage lang, ...
Bedenken Sie, wie häufig diese»drei Tage« vorkommen in der ganzen Bibel: Paulus war drei Tage blind, hineingenommen in Jesu Kreuzesleiden. Essen unterwegs auf der Wüstenwanderung – vor dem dritten Tag musste alles aufgegessen sein. Am dritten Tag wollten die Israeliten dem Herrn opfern, nachdem sie unbeschadet durch das Schilfmeer gegangen sind; durch den Tod zu neuem Leben in dem Herrn. Ständig diese Drei. 1945 im Mai: das Knochenfeld – 1948 im Mai, genau *drei* Jahre später, die Gründung des vormessianischen Staates Israel mit ca. 600 000 Menschen, das ist der Zehnte. Auch das zieht sich durch die ganze Bibel: 6 Millionen wurden umgebracht, 600 000 gründeten den Staat Israel. Und unter Josua, wo nur die Männer genannt werden, sind es 600 000, die ins Gelobte Land einziehen. Das sind keine Zufälle, diese Drei, dieser Zehnte, diese 600 000. Gott arbeitet genau, viel genauer als jeder von uns.

... dass ihr nicht esst und trinkt drei Tage lang, weder Tag noch Nacht. Auch ich und meine Dienerinnen wollen so fasten. Und dann will ich zum König hineingehen entgegen dem Gesetz.
Ester handelt hier entgegen dem Gesetz, so wie Jesus und Paulus uns später die Grenze des jüdischen Gesetzes zeigen. Aber be-

denken Sie, dass sogar das biblische Judentum überhaupt kein Gesetzesglaube ist. Das ist ein christliches Märchen. Das biblische Judentum ist kein gesetzlicher Glaube. Ich erzähle zwei treffende Beispiele: Nach dem Gesetz soll der älteste Sohn erben. Schauen Sie alle zentralen Gestalten im Alten Testament an: David, 8. Sohn – Josef, Mose, Israel. Sie erben, gegen das Gesetz. Und zu Jom Kippur, dem höchsten Feiertag in Israel, sagt jeder Jude: Alle meine Gesetzeswerke können mir nicht weiterhelfen. Denn so schuldig bin ich an dir geworden, dass ich gar nicht weiß von meiner Schuld – meine Chatah, meine unerkannte Schuld. Ein Thema auch in den Psalmen:»Vergib mir meine unerkannte Schuld; das Gesetz kann mir nicht helfen.« Judentum ist zu einem Gesetzesglauben geworden. Das kennen Sie von Paulus, in der Auseinandersetzung zwischen Juden und Judenchristen. Um zu überleben hat sich Israel, durch die Rabbiner, tiefer verankert im Gesetz. Die Thora, ausgelegt durch die mündliche Thora, die dann schriftlich in der Mischna (2. Jahrhundert nach Jesu) erscheint, und dann im Talmud (es gibt zwei Talmuds). Das war im Gange zur Zeit Jesu; die Gesetzlichkeit als ein Mittel, das Evangelium abzuwehren. Aber das ist nicht biblisches Judentum.

Komme ich um, so komme ich um. Mordechai ging hin und tat alles, was ihm Ester geboten hatte.
    Wer befiehlt jetzt? Wie in den meisten jüdischen Familien die Frauen, hier die Königin Ester.»Mordechai ging hin und tat alles, was ihm Ester geboten hatte«, obgleich er sie erzogen hat. Man sieht das Wachstum der Persönlichkeit. Er hat sie erzogen, und jetzt spielt sie die wichtige Rolle – wie bei Debora. Das hat mit unserem Wachstum im Glauben zu tun. Öfters habe ich das erlebt: Da ist ein frommes Mädchen, und eine Freundin von ihr kommt zum Glauben. Mit der Zeit wird die Freundin ein Vorbild für diejenige, die sie gewonnen hat. Sie ist dann tiefer im Glauben gewachsen. Das ist eine sehr merkwürdige Entwicklung, denn Glaube ist keine private Angelegenheit. Wer glaubt und sagt:»Ich brauche keine Kirche, ich brauche keine Gemeinde, ich brauche das alles nicht«, der wird mit der Zeit seinen eigenen Gott zusammenbasteln, wie er ihn haben will.»Du sollst kein Gleichnis von Gott machen«, keine vollständige, geistliche Vorstellung ha-

ben. Wir brauchen den anderen, wir wachsen durch den anderen in der Gemeinde, und die Predigt ist eine Korrektur für uns. Die richtige Predigt stellt auch uns, die Prediger, in Frage. Luther hat immer gebetet: »Herr, richte mich durch dein Wort, dass ich das Wort weitergeben kann.« Wir wachsen gemeinsam im Glauben, nicht allein; und auch als Mann und Frau. Ein bekannter Prediger hat einmal gesagt: »Der Glaube meiner Frau ist nicht der gleiche wie mein Glaube.« Das ist sicher richtig. Männer und Frauen sehen anders – beide sind evangelisch und beide sind biblisch, aber die Betonung einer Frau ist öfters ganz anders als die Betonung eines Mannes. Beide können voneinander lernen. Ich lerne auch von meiner Frau und ich hoffe, dass sie manchmal von mir etwas lernt.

Und am dritten Tage zog sich Ester königlich an und trat in den inneren Hof am Palast des Königs gegenüber dem Palast des Königs. Und der König saß auf seinem königlichen Thron im königlichen Saale gegenüber dem Tor des Palastes. Und als der König die Königin Ester im Hofe stehen sah, fand sie Gnade vor seinen Augen. Und der König streckte das goldene Zepter in seiner Hand gegen Ester aus. Da trat Ester herzu und rührte die Spitze des Zepters an. Da sprach der König zu ihr: Was hast du, Ester, Königin? Und was begehrst du? Auch die Hälfte des Königreichs soll dir gegeben werden. Ester sprach: Gefällt es dem König, so komme der König mit Haman heute zu dem Mahl, das ich bereitet habe.

Das ist ihr Wunsch. Und was war der Wunsch beim Fest des Herodes? Der wurde auch bei einem Gastmahl ausgesprochen: den Kopf von Johannes dem Täufer. Hier ist es sehr positiv, aber in einem sehr ähnlichen Zusammenhang. Das kann öfters in der Bibel so oder so sein. Was in einem Zusammenhang positiv ist, kann in einem anderen Zusammenhang total negativ sein. So begegnet Gott Mose im brennenden Dornbusch, und in Psalm 118 wird das Bild sehr negativ für die Heiden benutzt: »Sie entbrennen wie ein Feuer in Dornen...« In Orten, aus denen große Gläubige gekommen sind, sind die Kirchen jetzt fast leer. Der Geist Gottes ist wohl nicht mehr da, er wirkt jetzt woanders. Das kann sich ändern. Umgekehrt gibt es Gemeinden in Orten, die früher heidnisches Land waren, zum Beispiel im Libanon – Jesus ging in dieses heidnische Land, um das Evangelium zu bringen. Orte, die besonders gesegnet waren – wir denken an das Deutschland der Reformation; Luther hat mit Klarheit gemahnt: »Wie lange bleibt er hier, Gottes Heiliger Geist?« In anderen Ländern, die das vorher nie erlebt haben, Indonesien, Südkorea usw., wächst der Glaube sehr.

Der König sprach: Eilt und holt Haman, damit geschehe, was Ester gesagt hat! Als nun der König und Haman zu dem Mahl kamen, das Ester bereitet hatte, sprach der König zu Ester, als er Wein getrunken hatte: ...

»Als er Wein getrunken hatte!« Das zieht sich durch die ganze Geschichte. Aber, jetzt wird er das Positive tun aus seiner Liebe zu Ester.

Denken wir an Schindler. Schindler war Trinker, und er war Playboy – und er hat wunderbare Dinge getan für mein Volk. Wie ist das zu erklären? »Bei dir ist nichts unmöglich, Herr.« Öfters ist das so, dass in einer schweren Lage Menschen, die an sich nicht gut sind, sehr gute Dinge vollbringen können.

Jacques Lusseyrand, ein Franzose, er war blind, war im Widerstand und kam in ein Konzentrationslager. Er hat berichtet, dass im Konzentrationslager die besten Leute die Verbrecher waren. Warum? Man kann psychologisch sagen: Sie haben um ihre Schuld gewusst und hier konnten sie etwas gutmachen. Bei Schindler sicherlich auch. Aber was haben die meisten Frommen für mein Volk getan? Sehr wenig, wirklich sehr wenig! Sie haben sicher die Hände gefaltet – aber was sonst? Es war ein Playboy und Trinker, der viele gerettet hat.

Alkolhol trinken ist sicherlich negativ – mindestens viermal kommt das hier vor –, alles, was Ahasveros tut, tut er beim Trinken. Aber hier tut er etwas Gutes.

Vers 9:
Da ging Haman an dem Tage hinaus fröhlich und guten Mutes. Aber als er Mordechai im Tor des Königs sah, wie er nicht auf-

70

stand und sich nicht vor ihm fürchtete, wurde er voll Zorn über Mordechai.

Weil die Juden anders sind, sich teils anders verhalten, werden sie gehasst, weil sie Gottes Volk sind. Und wir Christen auch. *Aber er hielt an sich. Und als er heimkam, sandte er hin und ließ seine Freunde holen und seine Frau Seresch und zählte ihnen auf die Herrlichkeit seines Reichtums und die Menge seiner Söhne und alles, wie ihn der König so groß gemacht habe, und dass er über die Fürsten und Großen des Königs erhoben sei.*

Haman gibt groß an!

Er sagt, (Vers 13):

Aber das alles ist mir nicht genug, solange ich den Juden Mordechai sitzen sehe im Tor des Königs.

Er sitzt da im Sack, Buße tuend, im Zeichen des Todes.

Das nennen wir Hybris. Haman hat alles und er will mehr als alles. Wir müssen unsere Grenze kennen, liebe Brüder und Schwestern, was wir erreichen können und was nicht. Jesus hat alles erreicht; er verlangt nicht alles von uns. Wer ständig versucht, mehr zu schaffen, als er schaffen kann, der kommt sehr schnell in einen Gesetzesglauben: Es kommt darauf an, was *ich* getan habe. Oder es geht um meine Geistesgabe, meine besonderen Gaben – das ist dann genau das gleiche. Vorsicht davor! Wir leben alle mit begrenzten Gaben.

C.G.Jung, den ich sonst nicht gerne zitiere, hat einmal gesagt: »Eine zentrale Ursache der Neurose ist die Tatsache, dass Menschen manchmal mehr von sich verlangen, als sie schaffen können.« Sie bekommen z.B. eine Stelle, der sie nicht gewachsen sind. Ich sage immer zu Schülern, die abschreiben, sie könnten durch so etwas vielleicht eine bessere Stelle bekommen, aber sie würde ihnen über den Kopf wachsen. Und das ist sehr gefährlich. Diese Gedanken sind psychologisch, aber auch christlich-psychologisch: wie wir dem Herrn dienen, wie wir Demut lernen, wie wir lernen, Grenzen zu akzeptieren. Das gehört zu christlicher Nachfolge. Nicht der Übermut.

Da sprachen zu ihm seine Frau Seresch und alle seine Freunde:

Man mache einen Galgen, fünfzig Ellen hoch, und morgen früh sage dem König, dass man Mordechai daran aufhänge.
Sie sprechen damit Hamans eigenes Todesurteil, denn Haman wird selbst aufgehängt in seiner Hybris. Sehr merkwürdig, dieses Sprechen des eigenen Todesurteils.
Wer hat auch sein eigenes Todesurteil ausgesprochen oder erlebt? David, Ehebrecher und Mörder, er muss nach dem Gesetz sterben – denken wir an die Begegnung mit dem Propheten Nathan. Und Saulus/Paulus vor Damaskus: Todesurteil – entweder selbst ausgesprochen oder von Gott. Und das hat diese ausgerüstet als große Gottesknechte. Hier wird aber das Negative vorgedeutet. So ist das häufig in der Bibel, in der Sprache, bei Orten ... Bethel – ein gesegneter Ort unter Jakob, unter Amos ein verfluchter Ort. Beide Male der gleiche Ort. Das gleiche Bild – z.b. »Von allen Seiten umgibst du mich« – positiv in Psalm 139, kann plötzlich umkippen und negativ sein wie in Psalm 118: »Sie umgeben mich von allen Seiten« – gegen mich, negativ. Satan als der Affe Gottes! Nicht wahr, Hitlers ganze Sprache war biblisch – und doch satanisch verdreht. Blut und Boden statt Heiliges Land; arische Rasse statt auserwähltes Volk; ein Land, ein Volk, ein Führer statt ein Gott, ein Volk, ein Land; Tausendjähriges Reich das kein tausendjähriges Friedensreich, sondern ein zwölfjähriges Hassreich war. Und Vorsicht vor den Menschen, auch den Pfarrern, die nur fromm reden. Ich habe viel erlebt, wie Pietisten reingelegt wurden von frommer Sprache, wo nichts dahinter stand. Vorsichtig vor frommen Gebärden, wo nichts dahinter steckt. Das schätze ich an Luther: Er hat große Fehler gemacht, aber er war offen und ehrlich in seiner Art, kein Scheinheiliger.

In derselben Nacht konnte der König nicht schlafen...
Wir denken sofort an Pharao und seine Träume.
... und ließ sich das Buch mit den täglichen Meldungen bringen.
Was steht in dem Buch mit den täglichen Meldungen? Was vergessen war! Wie bei Josef, der vergessen war, dass er herauskommen könnte aus dem Gefängnis. Und hier steht, was Mordechai getan hat, um das Leben des Königs zu retten. Genau wie bei Josef. Gott kann manchmal die gleiche Methode benutzen. Es gibt wiederkehrende Bilder der Bibel.

Als diese dem König vorgelesen wurden, fand sich's geschrieben, dass Mordechai angezeigt hatte, wie die zwei Kämmerer des Königs, Bigtan und Teresch, die an der Schwelle die Wache hielten, danach getrachtet hatten, Hand an den König Ahasveros zu legen. Und der König sprach: Welche Ehre und Würde hat Mordechai dafür bekommen? Da sprachen die Diener des Königs, die um ihn waren: Er hat nichts bekommen.

Und dann fragt der König (Kapitel 6, Vers 6):

Was soll man dem Mann tun, den der König gern ehren will?
Das fragt er Haman. Interessant! Und Haman, verblendet in seiner hohen Stellung, denkt: Ich bin gemeint. Die Bibel ist sehr tief in ihrer Menschenkenntnis. Wie leicht können wir eitel sein. Erfolg ist die größte Gefahr für einen Juden wie für einen Christen, nicht Erfolglosigkeit.

Was soll man dem Mann tun, den der König gern ehren will? Haman aber dachte in seinem Herzen: Wen anders sollte der König gern ehren wollen als mich? Und Haman sprach zum König: Dem Mann, den der König gern ehren will, soll man königliche Kleider bringen, die der König zu tragen pflegt, und ein Ross, ...
Wir denken sofort nochmals an Josef. Es sind deutliche Parallelen hier. Mordechai wird zum zweitwichtigsten Mann im Reich aufsteigen – genau wie Josef.

Vers 10:
Der König sprach zu Haman: Eile und nimm Kleid und Ross, wie du gesagt hast, und tu so mit Mordechai, dem Juden, der im Tor des Königs sitzt, und lass nichts fehlen an allem, was du gesagt hast.
Jetzt fällt sein ganzes Gedankengebäude zusammen. Aber wie viele Häuser fallen zusammen, weil wir uns überschätzen, weil wir eitel sind, weil wir uns durch rosaroten Brillen sehen und nicht richtig verstehen, wie es um uns steht? Da muss man sehr, sehr vorsichtig sein.

Vers 13:
Da sprachen zu ihm seine Freunde und seine Frau Seresch: Ist

Mordechai, vor dem du zu fallen angefangen hast, vom Geschlecht der Juden, so vermagst du nichts gegen ihn, sondern du wirst vor ihm vollends zu Fall kommen.

»Wer dich (Abraham) segnet, der wird gesegnet; wer dich verflucht, der wird verflucht.« Und was war das Zeichen der Verfluchung im Dritten Reich? Wie Bischof Wurm sagte, Feuer vom Himmel (Sodom und Gomorra), und die Teilung des deutschen Landes. Das war die Verfluchung bei Salomo. Weil er fremde Frauen und fremde Kulte ins Land brachte, wurde sein Reich geteilt. Und was war die weitergehende Verfluchung? Dass das Land geistlich leer war.

In Amerika gehen 45 % der Bürger am Sonntag zum Gottesdienst. Unter evangelischen Christen in Deutschland sind es sicherlich nicht mehr als 3 %. Das ist eine Verflachung, die einer Verfluchung gleichkommt.

Kapitel 7, Vers 1:
Und als der König mit Haman zu dem Mahl kam, das die Königin Ester bereitet hatte, sprach der König zu Ester auch an diesem zweiten Tage, als er Wein getrunken hatte: Was bittest du, Königin Ester, das man dir geben soll?
Man denkt sehr an Herodes.

Die Königin Ester antwortete: Hab ich Gnade vor dir gefunden, o König, und gefällt es dem König, so gib mir mein Leben um meiner Bitte willen und mein Volk um meines Begehrens willen. Denn wir sind verkauft, ich und mein Volk, dass wir vertilgt, getötet und umgebracht werden.

Ester sprach: (Vers 6) Der Feind und Widersacher ist dieser niederträchtige Haman!

Vers 7b:
Aber Haman trat vor und bat die Königin Ester um sein Leben; ...
Jetzt ist es klar, dass die Juden gerettet werden, und Haman wird sterben. Mehrere Brüder und Schwestern haben mir gesagt, dass einer der Nazi-Größen, als er hingerichtet wurde in Nürnberg, gesagt hat: »Purim!« Was passiert mit denen, die gegen die Juden vorgehen?

Vers 8b–10:

Als das Wort aus des Königs Mund gekommen war, verhüllten sie Haman das Antlitz. Und Harbona, einer der Kämmerer vor dem König, sprach: Siehe, es steht ein Galgen beim Hause Hamans, fünfzig Ellen hoch, den er für Mordechai aufgerichtet hat, der doch zum Wohl des Königs geredet hat. Der König sprach: Hängt ihn daran auf! So hängte man Haman an den Galgen, den er für Mordechai aufgerichtet hatte. Da legte sich des Königs Zorn.

Wie Gottes Zorn sich gelegt hat, nachdem Christus, der Gute, für uns in den Tod gegangen ist, aufgehängt am Kreuz. Die Umkehrung: Der Gute geht in den Tod für uns. Hier ist es der Böse, der vernichtet wird. Der Gute geht in den Tod für uns, und der Zorn des wahren Königs, des Vaters, legt sich durch Jesu Kreuzestod. Genau das gleiche Bild – der Zorn legt sich –, aber in einem total anderen Zusammenhang.

Dann kommt für die Juden die Wendung zum Guten:

An dem Tage schenkte der König Ahasveros der Königin Ester das Haus Hamans, des Judenfeindes. Und Mordechai wurde vom König empfangen; denn Ester hatte ihm gesagt, wie er mit ihr verwandt sei. Und der König tat ab seinen Fingerreif, den er Haman genommen hatte, und gab ihn Mordechai. Und Ester setzte Mordechai über das Haus Hamans.

Wir denken bei diesem ganzen Geschehen an die Thora, an Josef. Trotz aller möglichen Verfolgung, trotz Leiden, einem Leiden, das seinem eigenen Volk zugute kam, sagt Josef: »Der Herr hat das so gewollt, denn wir haben deswegen diese sieben schlechten Jahre überlebt.« – Dann bekommt Josef diese Stellung als zweiter Mann im Reich.

Diese ganze Tradition erreicht natürlich ihr Ziel, ihr Telos, in Jesus, im Leidensweg des total Gerechten, des Unschuldigen, damit sein Volk des Alten Bundes, das er dann taufen wird, wenn er wiederkommt, und des Neuen Bundes in ihm errettet wird von den letzten Feinden: von Sünde, Teufel und Tod.

Am Schluss möchte ich etwas Grundsätzliches sagen. Wie soll unsere Beziehung als Christen zu den Juden sein? Ich höre diesen oder jenen Standpunkt. Ich sage meine Meinung und ich glaube, ich bin in einer besonders guten Lage, sie zu sagen. Zuerst, weil ich beides bin, Jude und Christ. Ein Jude hört niemals auf, Jude zu sein. Ich habe zwei Identitäten: die primäre, das ist die erste Tafel Moses, die Beziehung zu Gott – ich bin Christ; die zweite im mitmenschlichen Bereich: mein Volk ist das jüdische Volk. Ich fühle mich weder als Amerikaner, was in meinem Pass steht, noch als Deutscher, auch wenn ich sehr gerne hier verkündige und dieses Volk lieb gewonnen habe. Ich fühle mich völkisch gebunden an das jüdische Volk, das Gottes Volk ist. Ich will sagen, wie ich mir vorstelle, dass unsere Beziehung als gläubige Christen zu den Juden sein sollte. Das hängt mit diesem Buch Ester zusammen. Ich sehe eine dreifache Beziehung und alle diese Beziehungen haben mit der Geschichte und mit der Endzeit zu tun; *aber keine dieser Beziehungen darf auf Kosten der anderen gehen.* Ich werde die Gefahren aufzeigen.

1. Buße

Die Schuld, die wir Christen an den Juden haben, sie ist haarsträubend und darf sich niemals wiederholen. Es ist haarsträubend, was wir Juden unter dem Kreuz erlebt haben durch die Jahrhunderte und Jahrtausende. Man könnte Bände von Büchern darüber schreiben, was wir allein in Russland unter dem Kreuz erlebt haben, unter den Zaren; was wir im Rheinland erlebt haben bei den Kreuzzügen usw. Die Schuld an den Juden ist haarsträubend und kann nicht getilgt werden. Sie kann vergeben werden, aber nicht getilgt.

2. Zeugnis gegenüber den Juden

Dies darf man nicht verneinen, denn es ist zutiefst biblisch. Das hängt zusammen mit unserer Unterstützung der Judenchristen in Israel. Der erste Missionsbefehl gilt nur den Juden (Matthäus 10,5): »Geht nicht den Weg zu den Heiden und zieht in keine Stadt der Samariter, sondern geht hin zu den verlorenen Schafen aus dem Hause Israel.« Was dahintersteckt ist eine sehr vielschichtige Sache.

Der zweite Missionsbefehl (Matthäus 28) fängt bei den Juden an. Das bedeutet, Zeugnis gegenüber den Juden zu verneinen, ist gänzlich unbiblisch. Die Art und Weise, wie wir das tun, ist ein anderes Thema. Meine Frau hat mich nie missioniert – Gott sei Dank, denn sie hätte damit unsere Ehe zerstört und mir sicherlich nicht den Weg zu Jesus geöffnet. Man missioniert nicht mit Worten in einer Ehe. Meine Frau hat ihren Glauben an Jesus in Demut gelebt und mich gereizt damit, dass sie etwas hat, was ich nicht hatte, und so ihren Frieden mit Gott bezeugt; wie Billy Graham alles auf dieses zentrale Thema bringt.

3. Endzeitliches Engagement für Israel

Niemand unter uns zweifelt – oder sollte zweifeln – daran, dass dieses Ereignis der Rückkehr des Volkes am Ende der Tage ein zutiefst messianisch-prophetisches Ereignis ist. Diese Verheißung zieht sich durch die ganze Prophetie.

Alle drei Punkte müssen in Einklang gebracht werden. Wer die Schuld in den Mittelpunkt stellt – wie in manchen Kirchen –, wird keine Judenmission akzeptieren, kein Zeugnis gegenüber den Juden und wird gegen den endzeitlichen Staat Israel sein – wie es viele Kirchen sind. Sie sagen das nicht so direkt, aber das ist meine Erfahrung.

Wer Judenmission oder Zeugnis unter den Juden in den Mittelpunkt stellt, kann in große Gefahr kommen. Denn wir haben Judenchristen in Israel, die eine Herausforderung für die frommen Juden sind, und das führt auch zu Konfrontationen. Da hört man dann von Antimissionsgesetz, von Unterdrückung, man liest in den Medien über die Juden, und dann – schleicht sich langsam ein neuer Antisemitismus ein in Form von Antizionismus:»Die bösen Juden! Unsere Priorität ist es, für die Judenchristen zu sein.« Oder es geht gegen die frommen Juden, die mein Volk durch Jahrhunderte erhalten haben. Und wir tun genau das, was die Kirche so oft getan hat. Wir haben den Christen die Priorität gegeben und haben die Juden gehasst. Das sollte niemals passieren!

Und das Dritte, die Überbetonung auf der endzeitlichen Lage der Juden? Es gab Christen, die haben kein Zeugnis unter den Juden gegeben, sondern immer, wenn irgendetwas passiert ist auf der Welt haben sie eine vermeintlich treffende Stelle in der Offenbarung oder in der Prophetie gefunden. Das führt zu allen möglichen Spekulationen. Wenn man über alles spekuliert und alles irgendwo in der Offenbarung oder in der Prophetie meint wiederzufinden, führt das zu einer total verkehrten Einstellung zur Bibel. Judenmission und Zeugnis in der Gegenwart werden abgelehnt; es geht dann nur noch um die Endzeit.

Diese drei Faktoren müssen also in Einklang gebracht werden, weil jeder für sich eine sehr große Gefahr birgt, wenn er auf Kosten der anderen in den Mittelpunkt gestellt wird:

1. Erkenntnis unserer Schuld, leben aus Buße in Bezug auf die Juden
2. Zeugnis unter den Juden nach den beiden Missionsbefehlen Matthäus 10 und 28; das ist zutiefst biblisch
3. Endzeitliches Engagement für Israel

Wenn einer dieser Punkte auf Kosten der anderen betont wird, gehen wir verkehrte Wege. Meine größte Angst habe ich vor einem neuen Antisemitismus in evangelikalen Kreisen wegen der Konfrontation zwischen Judenchristen und Juden in Israel. Man könnte sagen: »Unsere primäre Verantwortung ist für die Christen.« Und damit gegen Israel. Israel wird immer frömmer werden, und es wird mehr Probleme geben mit den Judenchristen. Dann finden wir uns in der Lage des Paulus und fangen an, die Kirchengeschichte nochmals zu wiederholen, und das würde unweigerlich zu Antisemitismus führen. Ich sage Ihnen: Wer am Ende der Tage ein Antisemit ist, verkennt, dass Jesus als König der Juden starb. Das ist die primäre Aussage des Kreuzes, ein Bestandteil und eine Deutung des Kreuzes, die Pilatus, ohne es zu wissen und zu wollen vornahm, sogar in drei Sprachen, was das ganze unterstreicht. Ich sehe die große Gefahr eines erneuten Antisemitismus. Aber ich sehe auch die Gefahr in manchen Kirchen, die Schuld überzubetonen.

Und es ist auch gefährlich, die Betonung nur auf das endzeitliche Israel zu legen. Die Folge: kein Zeugnis mehr für die Juden. Es gibt viele Gefahren. Wir Juden wissen das, wir nehmen Gefahren schon von weitem wahr.

Also: Bringen Sie diese drei Punkte nicht durcheinander, sondern in Einklang miteinander: Erkenntnis der Lage, der Schuld, Buße; den missionarischen Auftrag an den Juden und das endzeitliche Engagement für das Volk Israel. Das wird nicht so einfach sein, doch ich glaube, dann gehen Sie auf dem richtigen, biblischen Weg.

Psalm 126
Der Herr erlöst seine Gefangenen

Ein Wallfahrtslied

Diese Überschrift ist sehr wichtig für die Auslegung dieses Psalms
– ein Wallfahrtslied. *Wenn der Herr die Gefangenen Zions erlösen wird, so werden
wir sein wie die Träumenden. Dann wird unser Mund voll Lachens
und unsere Zunge voll Rühmens sein. Dann wird man sagen unter den Heiden: Der Herr hat Großes an ihnen getan! Der Herr
hat Großes an uns getan; des sind wir fröhlich. Herr, bringe
zurück unsre Gefangenen, wie du die Bäche wiederbringst im
Südland. Die mit Tränen säen, werden mit Freuden ernten. Sie gehen hin und weinen und streuen ihren Samen und kommen mit
Freuden und bringen ihre Garben.*
Dies ist ein kurzer Psalm, dieses Wallfahrtslied. Was bedeutet
»Wallfahrtslied«? Wallfahrten nach Jerusalem gibt es, um bei besonderen Festen zu opfern. Es ist sehr interessant, wenn man in
der Tiefe versteht, warum da Wallfahrtslied steht. Die zentralen
Opfergottesdienste haben entweder mit Ernte oder mit Befreiung
zu tun – und gerade das sind die Themen hier: Opfer in der Ernte
und für Befreiung. Die Erntefeste sind zuerst das jüdische Wochenfest oder Pfingstfest, dann auch das Laubhüttenfest, das ursprünglich ein Erntefest ist (die Laubhütten gibt es heute noch);
das Befreiungsfest ist Passa und später natürlich Jom Kippur, das
als eine Vordeutung auf Karfreitag gesehen werden kann. Diese
Überschrift ist also kein Zufall. Wallfahrt zum Tempel findet statt,
weil man nur im Tempel tun kann, was man weder in einer Synagoge noch in einer Kirche tut, nämlich opfern. Im Tempel feierten die Juden ihre Opferfeste.

Man ging durch ganz Israel – wir wissen das von Jesus und seinen Eltern –, etwa drei Tage zu Fuß von oben, von Galiläa, hinab
nach Jerusalem im Süden. Interessant ist: Jesus ging nur bis Jeru-

salem, nicht mehr wie Abraham noch bis Beerscheba. Aber natürlich ging er vom Norden bis zum Süden, nicht nur bei der Wallfahrt, sondern während seines Wirkens, um zu zeigen: Dieses ganze Land gehört mir. Und diese Wallfahrt umfasst, wie bei Jesus, das ganze Israel, außer den südlichen Zipfel, wo Beerscheba liegt. Das ist auch sehr interessant, das ganze Volk macht diese Wallfahrten, und Jesus lehrte von einem Ende Israels zum anderen, um diesem ganzen Volk mit seinem Opfer zu zeigen: Ich werde mich für euch opfern. Jesus zeigt sich auch als der Schöpfergott, unter anderem indem er seinen Jüngern erlaubt, am Sabbat von den Früchten der Felder zu essen, was nach dem Gesetz verboten ist. Und Jesus zeigt sich dann als der befreiende Gott durch sein Kreuz und seine Auferstehung. Da sind sehr tiefe Zusammenhänge.

Wenn der Herr die Gefangenen...

Denken wir nach über dieses Thema »Gefangenschaft«, denn das ist ein sehr oft wiederkehrendes Thema der Bibel, im Alten wie im Neuen Testament. Wo fand der Herr, der Gott Israels sein Volk als Volk? In der Gefangenschaft in Ägypten, in der Sklaverei, in der Knechtschaft. Das geht eigentlich noch weiter zurück bis zu Josef. Josef, der Gerechte, war auch ein Gefangener, aber ein Gefangener, der Befreiung brachte. Erst wurde er selbst befreit, dann brachte er auch die Befreiung für sein Volk, und sogar als Fremdling in Ägypten. Er sorgt dafür, dass sie genug zu essen haben, dass sie befreit werden von dem drohenden Untergang durch eine Hungersnot.

Dieses Thema geht weiter mit Israels Gefangenschaft in Ägypten. »Da kam ein neuer Pharao, der Josef nicht mehr kannte«, mit diesem Satz fängt das große Oratorium Händels »Israel in Ägypten« an, gerade mit diesem Satz. (Der erste Teil ist wunderbar.)

Israels Befreiung aus dieser Gefangenschaft, das ist eine zentrale Befreiung, auch wenn sie aus dieser Gefangenschaft befreit in die Wüste kommen, wo sie dann eine zweite Grenze (keine Gefangenschaft) erleben: das Schilfmeer.

Befreiung aus dieser ägyptischen Gefangenschaft geschieht

durch die Plagen, die Gott herbeiführt. Sie zerstören unter anderem die Ernte der Ägypter und bringen die Befreiung Israels.

Die Gefangenschaft, die Knechtschaft in Babel, war wahrscheinlich für mein Volk noch viel härter als die in Ägypten. Denn man sagt, alles war zurückgeworfen zur ägyptischen Zeit, als ob gar nichts geschehen wäre. Der Tempel ist bis auf den Grund zerstört, der ganze Heilsweg Gottes scheint total zerstört zu sein, das Volk leidet Schreckliches, kommt in eine mindestens so schwere Gefangenschaft wie in Ägypten. Und das Volk wird untereinander gespalten. Manche beten den Gott der Babylonier an. Deswegen kommt diese Aussage: »Ihr werdet selbst im Gericht stehen, nicht für das, was eure Väter getan haben bis ins vierte Glied (Hesekiel 18), sondern nur für das, was ihr selbst getan habt. Denn Familien sind entzweit, und die eigene Identität ist nicht mehr gegründet auf Vater, Großvater usw., sondern nur auf das persönliche Bekenntnis. Das war ein zentraler Text für Luther.

Israel zeigt sich hier in der tiefsten Trübsal und wir sehen Israels Weg aus dieser Gefangenschaft. Was ist die Zielsetzung der Rückkehr? Einen Tempel zu bauen, das ist das allererste Vorhaben (Esra), dann kommen die Mauern (Buch Nehemia). Zuerst der Tempel, dass man Wallfahrten machen kann, dass man dem Herrn danken kann für die Ernte (die Erntefeste) und dann für die Befreiung.

Es gibt verschiedene andere Knechtschaften, zum Beispiel unter den Griechen, die versuchten (vor den Makkabäern), den Glauben Israels von Grund auf zu zerstören. Der Tempel wird in ein Götzenhaus verwandelt, die Feste werden nicht mehr erlaubt. Nochmals ist Israel in einer »Gefangenschaft«, denn wenn Israel keinen Glauben mehr hat, dann ist es nicht mehr Gottes Israel, es kann Gott nicht mehr anbeten, die Gemeinde ist getrennt von Gott. Auch das Gebet ist unter der griechischen Herrschaft nicht mehr erlaubt. Und wieder führt Gott zu einer neuen Befreiung. Diese Befreiung führt zu der Befreiung des Tempels und zu einem neuen Befreiungsfest: Chanukka, ein Lichtfest. Das hat zu tun mit der Befreiung aus der Gefangenschaft und ist eine Vordeutung auf die

Befreiung, die Jesus bringen wird. Das jüdische Chanukka-Fest, das Lichtfest, ist immer zur gleichen Zeit wie Weihnachten. Diese Feste stehen in engem Bezug zueinander, beide sind Lichtfeste, beide sind Befreiungsfeste. Judas Makkabäus ist der große Befreier (nach ihm hat Händel auch ein großes Werk komponiert) – deswegen gab es so viele Judasse zu Jesu Zeit; es gibt einen Judasbrief in der Bibel, von einem ganz anderen Judas als Judas Iskariot. Die Befreiung, die Judas Makkabäus gebracht hat, kam natürlich durch den Herrn. Und Judas Iskariot versuchte die gleichen Mittel zu gebrauchen, aber aus eigener Macht und Kraft. Aber das war nicht der Weg Jesu; sondern sein Weg war, die Gefangenschaft zu überwinden, indem er sich selbst zum Gefangenen machte. Er wurde gefangengenommen und hat die Gefangenschaft der Sünde überwunden, gerade indem er sich selbst in diese Gefangenschaft begab. Er befreit uns durch seinen Tod, in seiner Schwachheit, in seinem Leiden. Und hier liegt die ganze Betonung auf Leiden – »die mit Tränen säen« –; aus seinem Leiden kommt die Befreiung (aus der Sünde), durch sein Kreuz. Und dann die Befreiung vom Tod durch die Auferstehung und die Befreiung vom Gericht. Die Zeichen des Gerichts, als Jesus am Kreuz hing, sind vorgedeutet in 5. Mose 21,23: »Verflucht ist der, der am Holz hängt«; verflucht und verdammt in alle Ewigkeit ist ein Gekreuzigter. Finsternis kommt über das Land, als ein Zeichen des Gerichtes; anscheinend siegen die Mächte und Kräfte der Finsternis, des Bösen. Das Licht der Welt ist erloschen, denn Licht bedeutet Leben. Ein weiteres Zeichen: »Mein Gott, mein Gott, warum hast du mich verlassen?« Die Gottesferne, das ist der Zustand der Sünder, den Jesus auf sich nahm an unserer statt. Damit überwindet er Sünde, Gottesferne, Tod und Gericht, mit allen diesen Zeichen des Gerichtes.

Nach der Bergpredigt kommen wir alle ins Gericht, denn Jesus verlangt Vollkommenheit in der Bergpredigt. »Darum sollt ihr vollkommen sein, wie euer Vater im Himmel vollkommen ist« (Matth. 5,48). Kein Mensch kann das erfüllen, und die Erfüllung des Gesetzes Gottes ist die Wegweisung zu Gottes Himmelreich. Deswegen war das ganze Volk – und sicher waren es auch die Jünger – entsetzt nach dieser Rede Jesu. Jesus ist gekommen als der endgültige Befreier, indem er in die Knechtschaft ging. Das ist das Interessante, und deswegen sieht man den Bezug zu Knechtschaft, denn Knechtschaft ist der Weg zur Befreiung. Jesus gibt sich freiwillig in diese Knechtschaft, damit er uns von Knechtschaft befreien kann. Das zieht sich durch das ganze Neue Testament.

Wie oft kommt es vor, dass die Jünger in Gefangenschaft sind; wir denken da unter anderem an Paulus und Silas, an die ganze Geschichte mit dem Kerkermeister, wie die Mauern einstürzen, wie bei Jericho. Das Gefängnis wird geöffnet, weil Jesus uns befreit hat von der Gefangenschaft.

Ja, wir alle leben in Gefangenschaft, in unserem Fleisch; das ist die Gefangenschaft der Sünde, der gefallene Mensch. Aber Jesus hat diese Gefangenschaft auf sich genommen, dass wir durch ihn, durch sein vollkommenes Erlösungswerk daraus befreit werden, bis wir dann ihm gleich sein werden in seinem Himmelreich.

Und mit Israel: Wenn die endzeitlichen Feinde gegen Israel vorgehen (und das steht wohl bald bevor), dann wird Jesus mit Vollmacht wiederkommen. Der Fels wird gespalten, der Ölberg, und auf die Feinde fallen (Apostelgeschichte 1 und Sacharja 14) und Jesus wird sein neues Reich anfangen, indem das Gefängnis Israels, die Bedrohung des totalen Untergangs durch seine Feinde, überwunden wird. Israel kommt heraus. Sie schreien zu dem Herrn – wie so oft in der Geschichte Israels -, Jesus befreit sie und tauft sie. Durch das Gericht über die Welt und die Befreiung aus der Gefangenschaft kommt die neue Welt, wo die Schöpfung nochmals blüht (Wallfahrtspsalm – nochmals Schöpfung hier) und Befreiung geschieht, eine Befreiung zu Frieden und Freude in dem Herrn, unserem Befreier.

Das ist nur ein kurzer Überblick. Es gibt viele Punkte die ich übergangen habe und die auch wichtig sind. Dennoch: Dieses Thema »Gefangenschaft« ist wesentlich für ein rechtes Verständnis der Bibel. Denn wir leben alle in der Gefangenschaft der Sünde. Jesus hat sie überwunden, indem er freiwillig in diese Gefangenschaft ging – ohne selbst ein Sünder zu werden! Er sprengt dieses Gefängnis, dass wir freudevoll herauskommen können, wie Paulus mit seinen Lobliedern im Gefängnis. Das geht zurück zu Israel und Israels Berufung – nicht wegen des Verdiensts der Klugen, sondern der Herr beruft ein gefangenes Volk. Deswegen dieses ganze Thema »Gefangenschaft und Befreiung« – Wallfahrtslied. Und immer wieder auch der Bezug zur Schöpfung. Denn der Herr ist Jahwe, das ist der Seiende, der Schöpfergott, und der Wirkende, der Gott der Geschichte. Schöpfung – und das Wirken gegen die Gefangenschaft, in der wir leben. Das ist zentral.

Wenn der Herr die Gefangenen Zions erlösen wird, so werden wir sein wie die Träumenden.

Dieses Thema »Träume« ist ein faszinierendes Thema. Ich bin der Meinung, dass Träume nicht so leicht zu deuten sind. Sigmund Freuds Auslegung ist oft sehr einseitig. Sicher, der Grundsatz ist richtig, dass es eine latente und manifeste Bedeutung gibt. Das bedeutet, es gibt ein oberflächliches Geschehen, das aber keinen Zusammenhang hat, weil es keine Wirklichkeit ist. Zeitgrenzen sind überwunden, Raumgrenzen sind überwunden. Bilder kommen zusammen, die nicht zueinander gehören. Dinge reden, die nicht reden können; Dinge bewegen sich, die sich nicht bewegen können usw. Das ist alles richtig. Aber Freud bringt dann alles auf das Angstthema »Impotenz«, was eine hysterische Fixierung auf Sexualität bedeutet, die sicher damals sehr unterschätzt war, in unserer Zeit dagegen sehr überschätzt wird. Aber was ist Impotenz? Nur ein Symptom einer viel größeren Angst, der Angst vor dem Tod. Alle Angstträume sind Todesträume. Alle Ängste die wir haben, sind die Ängste, entmächtigt zu werden; und wir werden endgültig entmächtigt im und durch den Tod.

Das ist eine Seite der Träume. Die andere Seite sind die Wunschträume, die wir haben. Schöne Träume, Erlebnisse, wo Zeit und Raum durchbrochen sind, Dinge, die wir uns kaum vorstellen können. Das bedeutet: Was passieren wird, ist jenseits dessen, was wir real begreifen können. Man fragt mich häufig, weil ich als Pfarrer schriftgemäß verkündige: »Wie wird es im Himmelreich sein?« Ich antworte immer: »Kein Mensch kann sich das vorstellen, denn wir sind gefallene Kreaturen. Und sobald ich versuche, mir Gottes Himmelreich vorzustellen, verderbe ich diese Vorstellung, denn ich bin ein sündiger Mensch. Im Himmelreich ist keine Verdorbenheit. Kein verdorbener Mensch wird jene Herrlichkeit sehen können. Ich werde dann erlöst sein, ich werde Gott sehen, und ich werde wie Gott sein – und das kann ich mir nicht vorstellen, denn jetzt bin ich in meiner gefallenen Natur. Es steht an mehreren Stellen im Neuen Testament, dass wir Jesus gleich sein werden. Denn Gott verlangt Vollkommenheit, Reinheit, und nur durch Christus werden wir vollkommen. Wir sind total unvollkommen.

Das bedeutet, diese Träumenden sind ein Bild für etwas, das wir uns nicht vorstellen können, das jede reale Möglichkeit unseres Denkens, unserer Intuition und unserer Gefühle sprengt. Der einzige Weg, das zu beschreiben, sind Träume, denn in Träumen haben wir manchmal Bilder, die unsere Wirklichkeit hier auf Erden, was real passieren kann, sprengen. Andererseits lesen wir in der Bibel von Träumen, die Wirklichkeit werden, die geschehen. Josef hatte so einen Traum oder die Frau des Pilatus. Es gibt noch mehrere solche Beispiele.

»Die Träumenden« – Traum hat hier mit einem Zukunftsblick zu tun. C.G.Jung, den ich hier mal zitiere, hat festgestellt, dass es Menschen gibt, die Träume haben, die die Zukunft voraussagen. Meine Großmutter hatte diese Gabe. Es gibt mehrere Juden mit solchen Gaben, und das ist eine Angst machende Gabe, keine gute. Meine Großmutter hatte mehrere solche Träume, meine Schwester auch, ich nicht – Gott sei Dank. Wo man einen Blick in die Zukunft hat, sieht man fast immer Gericht. Deswegen steht in der Bibel, wenn Engel erscheinen, immer »Fürchte dich nicht!«, denn man weiß nicht, was für Botschaft Gott durch sie bringen wird.

Träume haben in der Bibel zu tun mit dem Realbild der Zukunft. Josefs Träume: Er kommt aus der Gefangenschaft, weil er Träume richtig gedeutet hat: von den sieben Jahren z.B., diesen Traum, der dann Zukunft bringen wird für Ägypten und für sein eigenes

Volk – in der Schöpfung, dem Blühen der Schöpfung. Hier sind Träume, die die Zukunft voraussagen.

Dabei sind wir aber in einer zwiespältigen Lage, denn Jeremia warnt uns vor den Träumen. Nur was direkt aus Gottes Wort kommt ist verläßlich, denn Träume können manipuliert werden von dunklen Mächten. Wenn wir schlafen, haben wir das nicht im Griff.

Hier ist aber eine doppelte Aussage:
Träumende, Träume bedeuten, das, was jenseits dessen liegt, was wir real überhaupt erfassen können – es wird viel größer sein, weil es von Gott kommt und nicht von uns.

Und Träume in der Urdeutung: der Traum in Bezug auf Gottes Heilsplan – wie das bei Josef ist, auch bei der Frau von Pilatus und anderen, wo Träume die Zukunft in diesem Sinn voraussehen.

Das Himmelreich wird so groß sein, dass es die Dimensionen, in denen wir leben, sprengen wird, die Dimensionen von Zeit und Raum, wie ein Traum das auch tut. Und so wird auch Gottes Tausendjähriges Friedensreich sein, denn der Weg der Rückkehr Israels aus der Gefangenschaft ist der Weg zu diesem Tausendjährigen Friedensreich. Und das sprengt jede menschliche Dimension, denn dann wird die Schöpfung blühen, wird die Befreiung da sein und die Menschen, wilde Tiere und zahme Tiere werden friedlich miteinander leben. Tausendjähriges Friedensreich – Paradies, Menschen, wilde Tiere, zahme Tiere... –, das Thema zieht sich auch wie ein roter Faden durch die Bibel.

Dieses Thema »Friedensreich, wo die Schöpfung neu blüht – aus der Befreiung« (zwei Themen der Wallfahrtspsalmen) fängt an mit dem Paradies, geht dann über Noahs Arche (wilde und zahme Tiere werden miteinander in Frieden leben, mit den Menschen) – neunte Plage: Mose weigert sich, nach der neunten Plage mit Frauen und Kindern aus Ägypten auszuziehen ohne die Tiere. Er braucht sie als Opfer für Gott, das ist zentral, aber auch, weil wir auf dieser Erde zusammengehören. Wir sind nicht zu trennen von den Tieren. Der Auszug geschieht mit den Tieren. Salomos Psalm 72 ist sehr zentral hier: Frieden, Gerechtigkeit, Erneuerung der Schöpfung. Jesaja 11, das ist natürlich der bekannteste Text, wo das Kind am Loch der Giftschlange spielen wird und nichts passiert, wo die Wölfe und die Schafe miteinander weiden.

Nachdem Jesus berufen ist, nach seiner Taufe – bezeugt von dem Vater und von Johannes, wahrer Gott und wahrer Mensch, der endgültige Prophet und der Vater – geht er in die Wüste. Dort wird er versucht, und dann geht er unter die wilden Tiere (die Löwen und die Bären und Wölfe), und die Engel schützen ihn, sie bleiben bei ihm. Das ist das Bild des Tausendjährigen Friedensreiches. Bevor Jesus zu den Menschen ging, ging er zu den Tieren (Markus 1,13). Paulus redet davon in Römer 8, wie die Tiere in Angst leben, bis die Erlösung kommt.

Bei Jesus, bei Paulus, das zieht sich durch die ganze Bibel: Es wird ein Tausendjähriges Friedensreich hier geben, wie Offenbarung 20 bezeugt. Das hängt zusammen: Wer das nicht glaubt, kann nicht mehr an Israels Verheißungen glauben. Er wird die Kirche an der Stelle Israels sehen, wie es auch Luther getan hat. Wo wird das Tausendjährige Reich entstehen? Es kommt in Israel. »Aber über das Haus David und über die Bürger Jerusalems will ich ausgießen den Geist der Gnade und des Gebets. Und sie werden mich ansehen, den sie durchbohrt haben« (Sacharja 12,10). Das passt nicht in Luthers Theologie. Wie soll man das auslegen mit einer lutherischen Theologie, die wohl gegen Israel ist? Alle möglichen anderen Texte, Hesekiel 38 und 39, werden nie ausgelegt, denn sie passen nicht zu der Gemeinde am Ende der Tage, sie passen aber zu Israel am Ende der Tage.

Dieses Bild vom Tausendjährigen Friedensreich ist absolut zentral für ein Verständnis der endgültigen Durchbrechung der Gefangenschaft, im Kreuz und bald mit der Wiederkunft Jesu. Israel wird befreit von seinen endzeitlichen Feinden, die *Schöpfung* wird neu blühen und die *Befreiung* ist endgültig da.

Dann wird unser Mund voll Lachens und unsere Zunge voll Rühmens sein.

Warum diese Betonung »Mund voll Lachens«? Wir Juden lachen sehr viel – aber wir lachen, weil wir eigentlich traurig sind. Ich weiß nicht, ob Ihnen das bewusst ist: Menschen mit wirklich viel Witz und Humor sind öfters traurige Menschen.

Das ist eine psychologische Grunderkenntnis. Kein Volk hat so viel Humor wie die Juden, so große Humoristen der modernen Zeit, auch in Deutschland. Heine war z.b. ein solcher Humorist, aber ein unmöglicher gegen die Christen, bis er sich am Ende seines Lebens bekehrt. Das kommt zum Ausdruck in seinem letzten Gedicht, das in der DDR-Ausgabe von Heine allerdings nicht erscheint.

Es gibt eine enge Beziehung zwischen echtem Humor und tiefer Traurigkeit, denn der Humor ist seelsorgerlich. Das ist auch ein Grund, warum ich meine Dackelbücher schreibe. Es bringt richtige, innerliche Freude, dass man lachen kann, vor allem über sich selbst lachen kann. Wir sollen uns selbst nicht zu ernst nehmen; Christus sehr ernst nehmen, aber nicht uns selbst. Es ist ein Grundproblem im Christentum überhaupt, dass wir uns selbst zu ernst nehmen. Wir müssen Gott ernst nehmen.

Die Bibel zeigt uns hier den Weg, denn die Bibel ist voller Humor. Da sind die Emmausjünger, wo dieser Kleopas anfängt, Jesus über Jesus zu erzählen, was für ein Typ das ist. Trotz der traurigen Situation damals – da kann man nur schmunzeln. Stellen Sie sich vor, jemand würde Ihnen Geschichten über Sie erzählen. Oder mir von diesem Jaffin, diesem Kerl mit seinem Dackel und mit seinem Tennisspielen und so weiter. Das wäre lächerlich. Dieser Kleopas fing also an, über Jesus zu erzählen, und manches, was er sagte, war falsch.

In der Bibel wimmelt es von Humor. Und wir Juden sind das Volk des Humors, weil wir das tragische Volk, das Leidensvolk Gottes sind. Da besteht ein enger Bezug. Man hat Interviews gemacht mit Kishon, der jetzt in Israel lebt. Und man hat festgestellt: Der Mann ist zutiefst ernst. Oder mit Woody Allan – auch er ist zutiefst traurig. Humor ist ungeheuer wichtig in der Seelsorge. Wer wirklich über sich selbst lachen kann, kann seine Lage viel besser ertragen, nicht wahr.

Es gibt eine wahre Geschichte von den Juden in Wien. Die Wiener waren öfters auffallend antisemitisch, noch viel mehr als die Berliner. Gerade als diese Juden abgeholt wurden, um nach Auschwitz gebracht zu werden, da kommt eine Taube und lässt auf ihren Kopf etwas fallen. Und ein Jude sagt:»Ha, diese Vögel, nur unter solchen Umständen wagen sie es, so mit uns umzugehen. Sie sehen, was aus uns wird, normalerweise würden sie so etwas nie tun.« Alle fingen an zu lachen, direkt bevor sie abtransportiert und umgebracht wurden. Man soll sich selbst nicht so ernst nehmen und lernen, über sich selbst zu lachen. Das hat auch mit Befreiung zu tun!

Dann wird unser Mund voll Lachens und unsere Zunge voll Rühmens sein.

Eines der großen Probleme im Gebetsleben ist heute, dass man meistens zu Gott betet in der Not. Ja, es gibt auch Formen des Freude-Gebets, die mich nicht beeindrucken. Wirklich inniglich – allein in seinem Kämmerlein, wie Jesus sagt – in Freude zu beten, jeden Tag zu danken für das Kleine, das ist das Zentrum eines wahren Gebetslebens. Privat vor allem – nicht als Schau, sondern für sich in seinem stillen Zimmer zu beten, zu danken; auch wenn man krank ist, zu danken, wenn es ein bisschen besser geht. Ich habe eine sehr fromme Frau in meiner Gemeinde, die Krebs bekommen hat. Sie sagte:»Beten Sie, Herr Pfarrer, dass ich sterbe.« Ich habe gesagt:»Das werde ich niemals beten. Ich bete, dass Sie jeden Morgen, jeden Tag aus Gottes Hand freudevoll empfangen.« Und das ist möglich. Täglicher Dank bedeutet, auch zu danken für Leiden. Denn wir brauchen Leiden. Wer immer bekommt, was er haben will, dem geht es geistlich nicht gut. Doch wer tut das, danken für Leiden? Wer sagt:»Herr, ich danke dir, dass ich leiden muss, weil ich in deiner Kreuzesnachfolge lebe, dass ich leide an mir selbst«? Das ist sehr wichtig, der tägliche, persönliche Dank.

»Herr! Schicke was du willst, ein Liebes oder Leides; ich bin vergnügt, dass beides aus deinen Händen quillt.« Mörike hat so gebetet, der ein großer Dichter war.

Dann wird man sagen unter den Heiden: ...

Das ist das Interessante: Es geht vom Persönlichen und diesem Geschehen der Befreiung dann *zuerst* um die Heiden.

Dann wird man sagen unter den Heiden: Der Herr hat Großes an ihnen getan; ...

Denn Israel ist eine Schmach für die Welt. Die Kirchenväter haben gesagt, Augustin hat gesagt: »Warum gibt es immer Juden, und warum wird es immer Juden geben? Als Zeichen für die Welt, was passiert, wenn man Gott umbringt.« Ein Antisemit sondergleichen, dieser Augustin. Man versucht ihn heute anders darzustellen, aber das ist nicht wahr. »Die Juden gibt es, wird es immer geben, als Zeichen für die Welt: Das passiert mit einem Volk, das verflucht ist, weil es Gott umgebracht hat.« Schlimm! So denken die Heiden über uns. Auch heute fängt das wieder da und dort an. Auch durch die Verfälschung in den Medien über das, was in Israel vorgeht. Aber das Heil der Heiden hängt mit Israel zusammen. Denn was sind die Voraussetzungen, dass Jesus wiederkommt? Zwei Dinge: Mission bis ans Ende der Welt und die Rückkehr der Juden ins Heilige Land. Jesus kommt für die Juden, nicht für uns; wir werden vorher entrückt (1. Thessalonicher 4).

Die Weltmission bleibt unser Auftrag und ist ganz notwendig, für unser Heil und für das Heil der Heiden. Aber endzeitlich ist das erfüllt, endzeitlich, nicht in Bezug auf *mein* Heil – wir heute müssen missionieren. Es ist unwahrscheinlich, dass es in der Weltgeschichte eine Zeit geben wird, in der alle Heiden auf einmal Jesus kennen werden, außer möglicherweise im Tausendjährigen Friedensreich.

Seit der Erste Weltkrieg ausbrach, ist die Mission zeichenhaft erfüllt, denn die ganze Welt wurde aufgeteilt unter Missionsgesellschaften.

Mit dem Ausbruch des Zweiten Weltkriegs wurde das Zweite, die Rückkehr der Juden, in Gang gesetzt: die Verfolgung der Juden, die über Hesekiel 37 zu der Rückkehr nach Israel führte.

Ob ein Dritter Weltkrieg Jesus zurückbringt? Das scheint sich anzubahnen im Nahen Osten.

Bitte verstehen Sie mich nicht falsch. Ich bin sehr missionarisch. »Wenn du nicht sagst, was ich dir sage...«, Hesekiel 3, 17–19, »kommst du selbst ins Gericht.« Wir haben einen missionarischen Auftrag. Es geht um unser Heil und um das Heil der Heiden. Aber im endzeitlichen Sinne ist das erfüllt. Drei Ziele hat der Missionsbefehl, zwei bleiben noch gültig, das Dritte ist erfüllt.

Dann wird man sagen unter den Heiden: Der Herr hat Großes an ihnen getan! Der Herr hat Großes an uns getan; ...

Israel und die Heiden werden das gleiche Loblied singen: »Der Herr hat Großes an uns getan!« Denn die Wiederkunft Jesu, diese endgültige Befreiung bedeutet: Die Gemeinde wird vorher entrückt und wird loben und preisen über dem, was geschieht. Israel wird lobend den Messias empfangen. Und wir, die Leute hier, denen dann das Tausendjährige Friedensreich geöffnet ist, werden Gott loben, denn die Völker werden hinpilgern nach Jerusalem, den Gott Israels in Jesus Christus anzunehmen. Aber das Interessante ist, dass Israel ihn zuerst mit Weinen annehmen wird. »Sie werden ihn annehmen, den sie durchbohrt haben; und der Geist der Gnade und des Gebets wird ausgegossen über ganz Israel. Und dann werden sie um ihn weinen, wie man weint um einen einzigen Sohn.« – Denn Jesus ist der einzige Sohn Gottes. Wenn Israel seinen Gott annehmen wird, steht nicht das Halleluja zuerst im Vordergrund, sondern das Weinen, denn es geht über das Kreuz. Sie werden sehen: Er ist der Gekreuzigte, den wir 2000 Jahre lang nicht angenommen haben. Von da geht es zur Freude. Das bedeutet, der Weg zur Befreiung geht über Tränen. Und das ist das Thema und die Zielsetzung dieses ganzen Psalms. Denken wir auch: »Er wird abwischen alle Tränen ...!«

Es gab einen modernen Sinfonisten, der diese Form gut verstanden hat: Jean Sibelius. Er war kein Glaubensmann, aber die Form dieses Psalms hat er verstanden. Im Grunde genommen führt der ganze Psalm zu der Aussage am Schluss: »Die mit Tränen säen, werden mit Freuden ernten usw.« Alles entwickelt sich, bis die letzte klare Melodie herauskommt, die Grundaussage. Bis dahin waren sinfonische Werke Werke, bei denen Formen, die Melodien erst dargestellt und entwickelt wurden. Sibelius kehrt das um z. B. in seiner 2. Sinfonie: Es werden Fragmente zusammengestellt, und am Schluss kommt die Melodie rein und klar zum Vorschein. Das bedeutet: Was früher am Anfang war wird an den Schluss gestellt. Das ist genau die Form dieses Psalms. Die ganze Spannung in diesem Psalm führt zu der endzeitlichen, völlig erlösenden Aussage, die in allen Bibeln dick und schräg geschrieben ist. Sibelius entwickelte diese Form gerade um die Zeit des Ersten Weltkriegs, und diese Form ist auch zentral in der endzeitlichen Entwicklung. Er wusste nicht um diese Beziehung, aber es ist sehr interessant, sie in seinem Werk wahrzunehmen.

Herr, bringe zurück unsere Gefangenen, wie du die Bäche wiederbringst im Südland.
Sehen Sie: Der Instinkt der Tiere – der Vogel kommt zurück zum gleichen Ort. Wie ist das zu erklären? Es ist nur zu beschreiben, nicht zu erklären. Die Erklärung ist: Das tut Gott, sie hören auf ihn; er gibt diesen Instinkt in sie hinein, dass sie das tun. So gingen auch die Tiere in die Arche.

Hier geht es um eine Kraft, der nicht zu widerstehen ist, eine Urkraft, eine Naturkraft. Wie in Psalm 74 steht, die Macht gegen die Urkräfte, oder auch: »Du hast Quellen und Bäche hervorbrechen lassen und ließest starke Ströme versiegen.« – Urkräfte, die Urmacht Gottes.

»Herr, bringe zurück unsere Gefangenen, wie du die Bäche wiederbringst im Südland.
Wie die Bäche zurückkommen, so wird das Volk zurückkommen. »Bäche« bedeutet Leben, Reinheit. Das hat mit Schöpfung und mit Befreiung zu tun – Themen der Wallfahrt.
Und dann kommt das Wichtigste:

Die mit Tränen säen, werden mit Freuden ernten.
Das ist bei jeder Rückkehr Israels der Fall, oder bei jeder Befreiung. Die Befreiung aus Ägypten – in Tränen; die Befreiung aus Babel – mit Tränen; die Befreiung von den Römern – mit Tränen; die Befreiung von Hitler und seinem schrecklichen Handeln – mit unsagbar vielen Tränen. Und dann die endgültige Rückkehr, drei Jahre nach dem Ende des Dritten Reiches (Mai 1945 – Mai 1948) wurde der vormessianische Staat Israel gegründet. Die zwei zentralen Ereignisse in Israels Geschichte seit 2000 Jahren, seit Jesus: eines absolut tränenreich und das andere mit unsagbarer Freude. Und wie kommen wir ins Himmelreich? »Er wird alle Tränen abwischen...«
Die mit Tränen säen, ...
Der Weg, der Same für den Zuwachs (Schöpfung), der neue

Weg Gottes, die Befreiung kommt über die Tränen im Dritten Reich. Und dann kommt die Rückkehr mit Freuden.
Die mit Tränen säen, werden mit Freuden ernten.
Das ist seelsorgerlich genau das gleiche. Jesu Ruf in die Nachfolge ist ein Ruf in die Tränen; es ist nicht ein Ruf zu äußerlicher Freude, sondern zu Tränen – und zu innerlicher Freude in dem Herrn. Kreuzesnachfolge, das ist grundlegend:»Wer mir nachfolgen will, verleugne sich selbst, der nehme sein Kreuz auf sich und folge mir nach.« Das ist keine freudevolle Verheißung, sondern innerliche Freude. Die Tränen der Märtyrer sind der Same für die Befreiung. So geschah es in der Slowakei, in Russland, in Polen, im ganzen Osten, wo es jetzt große Erneuerungen gibt – und zwar über die Tränen der Märtyrer. Aber nicht in Ostdeutschland, was sicher auch mit dem Dritten Reich zu tun hat, nicht nur mit dem Kommunismus. Ich war öfters in der ehemaligen DDR. Ein Glaubensmann sagte mir:»Wir haben in Ostdeutschland im 18./19. Jahrhundert die Aufklärung gehabt, Schiller, Goethe – Weimar, Jena. Das hatten sie nicht in Russland und in der Slowakei oder in Ungarn.« Das ist sicher eine wesentliche Ursache, aber auch die Schuld aus dem Dritten Reich und die Stasi-Schuld.

Die mit Tränen säen, werden mit Freuden ernten.
Der Weg zur Auferstehung geht über das Kreuz. Maria Magdalena sucht den gekreuzigten Leib und findet den Auferstandenen. Die Emmausjünger bekommen eine großartige Kreuzespredigt aus dem Alten Testament, und dann finden sie den Auferstandenen. Bei Thomas geht das bis in den Leib hinein. Er legt seinen Finger in die Wunde von Jesu gekreuzigten und auferstandenen Leib, und erst dann erkennt er den Auferstandenen. Der Weg zur Auferstehung geht über das Kreuz. Hier (auf Erden) ist der Leidensweg, das»Halleluja« gehört in die Zukunft, auch zu Ostern, aber dann in die Zukunft.

Die mit Tränen säen, werden mit Freuden ernten. Sie gehen hin und weinen...
Jedesmal wenn ich dieses Gebet spreche, denke ich an die Reihen vor dem Pseudo-Endgericht, die Mengele, Eichmann, Hitler und die anderen in Auschwitz aufgestellt haben. Reihen von Men-

schen – zum Leben oder zum Tod. Eine satanische Nachahmung des Endgerichtes.

Sie gehen hin und weinen und streuen ihren Samen...
Ihr Same ist das Weinen. Die Tränen bringen das Wachstum, wie Regen die Blumen mit zum Blühen bringt. Die Tränen der Märtyrer des Alten und Neuen Bundes bringen mit die Erlösung, den Erlöser selbst, der ein weinender Leidensknecht ist. Sogar in einer Kinderbibel wird zu Palmsonntag Jesus auf dem Esel als Weinender dargestellt. Und ich glaube, dass er geweint hat, als die Menschen ihm zugejubelt haben, ohne ihn und sein Handeln zu verstehen. Ein falsches Zujubeln! Es ist schön, dass man dem König zujubelt, aber sie haben ihn nicht verstanden. Sie geben ihn auf in dem Moment, als sie verstehen, worum es geht. Denn er tut nicht den Willen des Volkes, sondern seinen Willen – der viel wichtiger und besser für uns ist, als unser Wille. Das zu erkennen, ist die Hauptsache: »Nicht mein Wille, sondern dein Wille geschehe.«

Sie gehen hin und weinen und streuen ihren Samen und kommen mit Freuden und bringen ihre Garben.
Aus den Tränen – das ist ihr Same – kommt die Blüte. Und aus dem Leiden Jesu Christi kommt der Sieg gegen Sünde, Tod und Gericht. So wird es Israel gehen, und so wird es auch der Gemeinde gehen am Ende der Tage. Es wird eine Befreiung geben, eine Befreiung aus Not und Tränen. Wir erleben das jetzt in der Endzeit, sehr viel Christenverfolgung, vor allem unter Moslems. Eine Leidenszeit kommt über uns. Sie brauchen keine Angst haben vor dieser Leidenszeit. Bonhoeffer hat geschrieben: »Ich glaube, dass Gott uns in jeder Notlage so viel Widerstandskraft geben will, wie wir brauchen. Aber er gibt sie uns nicht im Voraus, damit wir uns nicht auf uns selbst, sondern allein auf ihn verlassen.«

Der Herr zeigt immer zu seiner Zeit, was wir brauchen, wenn wir an ihn glauben und an ihm festhalten. Deswegen: Leben Sie bitte nicht in Angst am Ende der Tage. Leben Sie in innerer Freude, in innerer Unruhe und Erwartung. Und leben Sie aus der Kreuzes-

kraft, aus seinen Tränen, aus seinen Schmerzen, aus seiner Über-
windung, denn das ist der Weg der Erlösung zur ewigen Freude.
Unser Erlöser kommt gewaltig!